A paixão

Coleção **PASSO-A-PASSO**

CIÊNCIAS SOCIAIS PASSO-A-PASSO
Direção: Celso Castro

FILOSOFIA PASSO-A-PASSO
Direção: Denis L. Rosenfield

PSICANÁLISE PASSO-A-PASSO
Direção: Marco Antonio Coutinho Jorge

Ver lista de títulos no final do volume

Marcus André Vieira

A paixão

ZAHAR

Jorge Zahar Editor Ltda.
rua Marquês de S. Vicente 99 – 1º andar | 22451-041 Rio de Janeiro, RJ
tel (21) 2529-4750 | fax (21) 2529-4787
editora@zahar.com.br | www.zahar.com.br

Grafia atualizada respeitando o novo
Acordo Ortográfico da Língua Portuguesa

Revisão: Eduardo Monteiro, Sandra Mager
Composição: Letra e Imagem
Impressão: Geográfica Editora
Capa: Sérgio Campante

CIP-Brasil. Catalogação na fonte
Sindicato Nacional dos Editores de Livros, RJ

Vieira, Marcus André
V713p A paixão / Marcus André Vieira. – Rio de Janeiro: Zahar, 2012.
(Psicanálise passo-a-passo; 95)

Inclui bibliografia
ISBN 978-85-378-0778-1

1. Afeto (Psicologia). 2. Emoções. 3. Psicanálise. I. Título. II. Série.

CDD: 152.4
11-7781 CDU: 159.942

Ao Cláudio, meu pai,
e à Ludoca, sempre.

Sumário

Introdução

"Viver uma paixão é demais!", "É coisa de louco". Quem já não ouviu algo assim? Afirmam-se aí duas coisas: a paixão é desmedida, sempre transborda, e é também insensata, ignora razão e bom senso.

Aproximar a paixão do destempero ou equipará-la à desrazão são dois verdadeiros clichês. Este livro os endossa do início ao fim, pois é desse modo que ela se apresenta na experiência da psicanálise. Uma análise não se contrapõe ao sentimento, não visa disciplinar pelo saber aquilo que não tem remédio nem nunca terá – o que não significa que vá se resignar a ele. Ela joga o jogo da paixão, que inclui um tanto de ignorância irredutível, até levá-la a um novo destino.

Não é fácil, ainda mais porque nossos dias insistem em trilhar o caminho oposto. Por um lado, tomam-se os afetos como variações de uma energia vital suposta cujas taxas poderiam ser mantidas em níveis controlados. É o que sustenta o mito de uma autoestima que nunca deve estar em baixa. Por outro, assume-se o sentimento como muito próximo àquele do ratinho de laboratório e, assim, acredita-se que basta estudar um para apreender o outro, deliberadamente ignorando-se o que há de estranheza na paixão.

É bem verdade que Freud abordou o afeto com base em seu conceito de libido, definida mais de uma vez como energia, assim como fez uso de várias analogias com o primitivo ou o ancestral em nós. No entanto, a teoria freudiana do afeto, assim como, de modo geral, a sua metapsicologia, é uma construção provisória, instrumental, a serviço de uma prática. A leitura da clínica psicanalítica empreendida, ao longo de três décadas, por Jacques Lacan, destaca o quanto a novidade freudiana se vincula justamente ao fato de que, em uma análise, a paixão se mantém como lugar de uma insensatez que hoje tudo trabalha para esvaziar.

Para delimitar essa novidade, Lacan aproximou dois campos aparentemente opostos: ética e paixão. Foi o seu modo de nos fazer entender como uma análise se dirige a isso que não cabe. A articulação entre ética e paixão nos servirá, aqui, de guia para abordar o afeto como maneira de lidar com esse excesso. Ela não é a mesma de todo dia, nem por isso é menos real.

É estranha a aproximação entre ética e afeto, pois costumamos dar plenos direitos à emoção subindo à cabeça. "É mais forte que eu", ouço-me dizer ao enveredar por estranhos caminhos e infringir minhas próprias regras de conduta. Tudo faz crer que os códigos de moral recobririam somente compromissos racionalmente assumidos e que o inconsciente não apenas desconheceria tempo e lógica, como também ética.

Seguiremos a trilha de sentimentos específicos assinalados por Lacan para mostrar como, em uma análise, me separo da ideia de que devo equilibrar minhas energias, ou, ainda, de que só é possível ir até onde vai a liberdade de meu parceiro. Afasto-me do caminho do meio, da justa medida e da sabedoria que pautam minhas ações na cidade, e permito-me avançar onde a violência e a paixão ditam as regras.

O que fiz com o que fizeram os outros de mim será o fio condutor do percurso analítico, que extrai dessa verdadeira epopeia suas coordenadas essenciais. Nesse caminho, valores morais decalcados da família e da comunidade se eclipsam; restarão somente os reapropriados a partir da reescrita singular de uma história. Essa reescrita não é um conhecimento, apenas um novo roteiro. Ele inclui, porém, as marcas de nossa singularidade, sempre incômodas.

Fazê-las caber na vida que se leva é a exigência que preside o dispositivo analítico. Nenhuma sabedoria delas se depreende, mas inaugura-se, ali, a possibilidade de uma responsabilidade nova, pois nossa vida será sempre habitada por um excesso que não deixará jamais de surpreender, de provocar risos e escândalo e de exigir que a cada esquina estejamos à altura do que nos apaixona.

Da emoção à paixão

Temor e piedade

No imenso e movediço reino dos sentimentos, nosso ponto de partida será o temor e a piedade. Eles têm a vantagem de uma delimitação precisa, cunhada por Aristóteles para sintetizar o que sentia o espectador do teatro grego. Atravessam os séculos, definindo o medo como "tremer por si" e a pena como "tremer por outro". Em ambos os casos, sofro. No primeiro, por vislumbrar uma ameaça, no segundo por vê-la incidir sobre outro, de quem me compadeço.

Uma relação de proximidade se estabelece entre mim e ele, nos dois afetos, me afetando diretamente, segundo condições também definidas desde Aristóteles. Sinto o que sente aquele com quem me identifico, o protagonista da peça, por exemplo, como se eu e ele fôssemos quase um. Não posso, no entanto, com ele me confundir, pois é o distanciamento que permite que só ele corra risco, enquanto desfruto suas aventuras e desventuras no conforto de minha poltrona ou no escuro do cinema. Mesmo no "quase um" das mais ambiciosas situações de realidade virtual, ainda assim será preciso alguma distância para que haja prazer. Vivo através dele, mas meu corpo, embora semiesquecido, garante que eu possa acompanhá-lo sem desaparecer, como sua sombra.

De maneira análoga, se não posso me identificar com quem sofre, não me compadeço, por mais brutal que isso pareça. Exatamente esse laço com as situações expostas seleciona o que vai ou não para a manchete do jornal, fazendo com que milhares de mortos na África, muitas vezes, ocupem menos espaço que as atribulações dos vizinhos do bairro.

Se a pena destaca um vetor que vai de meu semelhante a mim, o medo demonstra também haver outro, no sentido contrário, de mim ao outro. Aquilo que me assusta é necessariamente próximo, pois só posso temer algo definido, já conhecido, mesmo se somente imaginado. Apenas quando o raio já caiu uma vez posso supor que ele me fulmine. A falta de objeto imaginável distingue, tradicionalmente, o medo da angústia e do pânico (onde não sei por que tremo). Nesse sentido, o medo é uma dança macabra em que o assustador se define do lado do assustado.

Para caracterizar essa reversibilidade entre o que vai de mim ao outro e vice-versa, Lacan destaca a relação estabelecida com o outro que encontro no espelho. Ela é mais precisa do que a existente entre imagem e sombra, pois embora sejamos extremamente semelhantes, minha imagem especular e eu, seremos sempre distinguidos por estarmos em situações invertidas.

A inveja e o ciúme no espelho

Aquilo que Freud definia com relação à identificação, na leitura lacaniana se desdobra em vários aspectos. Um deles é esse, chamado por Lacan de "especular" e definido como identificação imaginária, de mimetismo e reprodução. É fundadora e especifica muito do que nos constitui e mobiliza. Essa proximidade contraposta está em destaque no que me une a meu melhor amigo, mas também a meu inimigo, assim como ao enorme universo do que em nossa vida funciona por analogia e comparação.

Dos tantos sentimentos de que dispõe nosso dicionário afetivo, pena e medo serão tomados por Lacan como paradigmáticos da identificação imaginária, aqueles que mais tipicamente apoiam-se no espelho. Reservaremos para eles o termo *emoção*. Este será o nome geral daquilo que, de tudo causado em nós pelos outros, mais tiver relação com o que deles nos afeta por empatia ou compaixão – tudo que no semelhante se inicia e nele se esgota.

Não haveria outras emoções mais evidentemente "em espelho"? Sem dúvida. A inveja, com certeza; também o ciúme, que acrescenta um na conta, pois precisa de ao menos três para ser desencadeado, mas que, apesar disso, continua centrado na rivalidade dual. Essas emoções, mais marcadas pela violência, tendem à passagem ao ato agressivo e com isso à ruptura do eixo imaginário. Na inveja sou eu, ou ele, nunca os dois. No ciúme, igualmente. Se avanço, porém, sobre meu duplo e perco a mínima distância que nos une e separa, acabam-se as emoções.

O essencial é: na emoção a causa é evidente, está diante de nós, seja ela alguém ou alguma coisa; daí Lacan situar o temor e a piedade com relação ao que denomina "mundo dos bens", espaço de comparação e contabilização, das trocas e das negociações envolvendo o pão, pão, queijo, queijo cotidiano.

É bem verdade que no homem nada se reduz completamente à relação especular e às emoções que ela provoca. Nem tudo o que sentimos tem explicação ou causa conhecida. A atualidade de nossa feira global demonstra, porém, ser possível tomar nossos sentimentos nesse registro do "mundo dos bens", tal como nas aproximações técnicas entre o homem e o rato de laboratório. Essa abordagem é tão presente em nossos dias que proponho uma pequena digressão a seu respeito antes de prosseguir.

Do homem ao rato

Nossos hábitos mentais com relação ao afeto, assim como a todo evento refratário à objetivação, costumam seguir uma partilha fundamental. Podemos tomar o fenômeno em continuidade com algo já conhecido. Aquilo que era estranho e inapreensível torna-se acessível, pois agora, por comparação, é possível definir o que nos atinge. Nossos afetos, por terem encontrado nos do macaco seus primos pobres, podem agora ser abordados por comparação, examinados, reproduzidos e medidos, explorados nas condições, por vezes cruéis, de laboratório a que são submetidos nossos primatas. Diferenças são estabelecidas, mas a ênfase é a semelhança. A outra via é a da ruptura, que recusa a ideia de que o homem é um animal acrescido de um pouco mais de inteligência ou refinamento e pressupõe um salto qualitativo entre os dois.

Não é difícil aproximar esse último procedimento de uma visão religiosa do mundo, segundo a qual o homem seria apenas um animal, dotado por Deus, no entanto, de uma alma imortal em ruptura com sua natureza biológica.

É possível, igualmente, reconhecer do primeiro procedimento acima mencionado um dos postulados fundamentais da psicologia experimental e mesmo do espírito do nosso tempo. A visão cientificista do mundo tem hoje, inclusive, sua própria ecologia, que recusa a especificidade humana e enxerga na ruptura religiosa apenas arrogância. Para ela, juntamente com os carvalhos e os golfinhos, somos todos passageiros da nave-mãe Gaia, imenso organismo no qual todos têm direitos e deveres. Irmanados pela mãe natureza, devemos nos espelhar nos demais habitantes do planeta para encontrar nosso verdadeiro lugar no mundo.

Nesse contexto, mesmo quando as razões do que nos aflige estiverem fora de alcance, sempre será possível, por analogia, delimitar causas. No pertinente ao afeto, o que sentimos é tomado exclusivamente no plano da emoção, remetendo seus segredos ao que tenhamos colocado, em espelho, diante de nós.

A abordagem ecológica do sentimento torna-se irresistível quando a ela se associa a suposição de uma energia universal, pois isso abre caminho para uma manobra decisiva, a de sua *quantificação*. É possível submeter qualquer fenômeno a um processo de medida, desde que se admitam esses postulados implícitos e se estabeleça, por convenção, um parâmetro. Pode-se, por exemplo, apresentar o desenho de três rostos, três *emoticons* básicos – um sorridente, outro neutro e um terceiro triste – e pedir a uma população delimitada que escolha, ao acordar, aquele que melhor represente seu estado de espírito. Reunindo-se a informação gerada pelas respostas tem-se em mãos uma medida "objetiva" de energia vital, a seguir tomada como índice e utilizada para definir um mundo de coisas – da eficácia de um novo antidepressivo à popularidade de um programa de TV.

E a psicanálise? Quanto à versão religiosa de nossa humanidade, Freud não deixa dúvida: recusa-a explicitamente ao compará-la a uma neurose obsessiva coletiva. Partilharia ele então dos postulados citados? Apesar de situar a psicanálise no campo da ciência, de ter trabalhado com enguias e de usar um sem-número de metáforas anatômicas e neurológicas, Freud não institui a psicanálise com base em analogias; inventa um aparato psíquico que não tem nenhum correspondente anatômico ou cerebral e situa seu inconsciente, fora de qualquer quantificação ou lugar definido, "entre os órgãos".

Descentramento e paixão

Há uma terceira via, o humanismo. Este supõe um salto qualitativo entre o macaco e o homem, não necessariamente vinculado a uma origem divina. A ruptura freudiana, porém, não é essa. Primeiro, porque não é fruto de uma concepção prévia do que seria o homem. Freud, repetidas vezes, insiste em afastar a psicanálise de toda e qualquer visão de mundo e aproximá-la de uma prática. O exercício dessa terapêutica original apoia-se em algumas ideias sobre a humanidade, apenas teorias instrumentais, precárias. Apesar do que fez com elas a cultura do "Freud explica", têm na origem pouca ambição universalista.

Em segundo lugar – e esta é de longe a razão mais importante –, porque a ruptura na ordem do dia em uma análise não é aquela entre o homem e o animal, mas a de cada um consigo mesmo. Não temos como nos reunir ao próprio rebanho de identidades e personagens que nos constituem, pois estamos todos, cada um de nós, em ruptura com nossa própria natureza.

É o que Lacan chamou de "descentramento" do eu, maneira como lê o que Freud denominava cisão, *Ichspaltung*, clivagem radical entre o eu e um fosso. A famosa frase de Freud "O Eu não é senhor de sua própria morada" é entendida por Lacan de modo mais radical que o habitual. Não porque nela haja outro morador, um inquilino escondido, homenzinho-primitivo correspondendo ao inconsciente ou ao *isso*; mas porque na morada do eu há um buraco negro, uma "hiância". Ele não pode ser iluminado, por mais que se tente. Encerrando uma presença estranha e indefinida, a morada do eu é uma casa mal-assombrada.

Toda a questão é o que se fará com essa presença-fantasma. A necessidade de explicação, de encontrar sentido para o vivido, mobiliza-nos intensamente e costuma ser o primeiro e mais forte movimento. Eis porque toda heroína de filme de terror, ouvindo estranhos sons no porão, desce, insensata, do segundo andar até lá, em plena tempestade, armada apenas com uma vela.

Responde a uma necessidade análoga à redução da imensa estranheza, muitas vezes causada por nossos sentimentos, a explicações neuroquímicas. Esquecemos que assim procedendo, apesar de adquirirmos conhecimentos palpáveis sobre nossos afetos, nos perdemos dessa coisa desregulada e estranha que nos habita, o mais humano em nós.

Será necessário admitir: nem tudo é emoção. Reservemos ao termo *paixão* essa dimensão do sentimento não saturada pelo saber. Freud raramente utiliza o termo, *Leidenschaft*, familiar à filosofia. Muito provavelmente por essa razão foi negligenciado, pois o importante era evidenciar algo que lhe parecia bastante concreto e distante das especulações filosóficas. Lacan, ao contrário, reabilita-o claramente e opera enorme reviravolta na leitura das indicações freudianas sobre o afeto.

A distinção entre emoção e paixão, absolutamente essencial, é tornada explícita por Jacques-Alain Miller em seu comentário do ensino de Lacan definido como *orientação lacaniana*, e a seguiremos à risca. A paixão afasta as considerações fisiológicas e suas objetivações por quantificação, assim como por comparação analógica. Na relação com nossos fantasmas, põe ênfase nos imprecisos "algo mais" da existência, motor maior do tratamento analítico.

Amor à vista

Como definir a paixão? A melhor maneira de começar é pelo amor, e à primeira vista. Um primeiro elemento, já evidente no nome, é que ele não existe sem a visão, sem a súbita captura pela imagem da amada. Sua cena paradigmática, destacada inicialmente por Lacan, é a da paixão fulminante de Werther, de Goethe. Ele descortina Carlota com seis crianças, distribuindo-lhes pãezinhos, e imediatamente sabe estar apaixonado, decididamente apaixonado. Uma referência para nossos tempos de correria, quando é mais fácil ouvir uma canção que ler um livro, poderia ser "Un vestido y un amor", de Fito Páez, ode cujo refrão é "te vi". A desmesura do amor parece localizar-se nas verdadeiras epifanias visuais a repetir o mote: nada buscava e te ver me fez cair desesperadamente apaixonado. Ela vale pela articulação entre fala e melodia, que, especialmente na versão de Caetano Veloso, com o violoncelo de Morelenbaum, se torna imensa, de um incomensurável amor que cresce ao longo da repetição do "te vi, te vi, te vi, yo no buscaba nadie y te vi ...".

Em se tratando de imagens estamos sempre às voltas com o que convencionamos chamar de emoção. Quando abordamos o amor nesse ponto zero, da paixão imaginária, ele é isso, uma imagem a nos capturar. Contudo, em se tratando de amor, não basta. Ele nos força a perguntar: o que é isso que me toma tanto? Pura coincidência espaçotemporal? Genética, como crê a ciência? Há qualquer coisa a mais, extremamente singular, que dá à paixão sua causa, porém mantendo-se em segredo. A paixão do amor se define, então, como um movimento apoiado no plano do visível, das imagens e dos corpos, mas que nele não se esgota.

Exatamente por visar a algo fora das formas preestabelecidas, do que se vê e se entende, a paixão pode nos levar além do mundo dos bens, das figuras do cotidiano. Convive com a violência de um "perder-se de si", impossível de ser apreendido pela emoção, sempre desencadeada e mantida por uma imagem-guia. Perder-se de si é romper com as imagens a partir das quais alguém se reconhece e se orienta na vida, tudo o que, por identificação imaginária, especular, confere identidade.

No topo dessa lista encontramos nosso próprio corpo, e a paixão se mostra capaz de nos fazer esquecê-lo. Sem caber em minhas roupas, sem me reconhecer no espelho, encontro, no desespero dessa condição, o limite no qual o "isso", aquilo que não consigo nomear em mim ou no parceiro, motor da paixão e sempre fora de cena, se apresenta.

O que me faz apaixonado só surge, porém, com meu desaparecimento, incluindo o aqui e o agora do corpo.

A paixão é uma "carreira sem limites", no dizer de Lacan, a levar-nos adiante, para o melhor ou o pior. Ela confina, portanto, em seu extremo, com o gozo, não qualquer um, mas o de um prazer em sua face mortífera, que tanto é encontro quanto perda. Como canta Chico Buarque em "Eu te amo": "Se nas travessuras das noites eternas/ já confundimos tanto nossas pernas/ diz: com que pernas eu devo seguir?"

Divinos detalhes

A imagem no amor, portanto, é essencial, no entanto, não é tudo. A captura amorosa parece atrelada a algo que insiste em um além, ou aquém. Seriam os pedacinhos de pão distribuídos por Carlota às crianças a seu redor? Seriam *las margaritas del mantel* que *juntabas* quando *te vi*? Ou *los chinos* que *en Madrid fumabas*?

Na paixão, por definição, há um ponto cego fundamental no coração do Outro, o qual anima a imagem fascinante com que ele nos captura. O amor-paixão, ligado a esse ponto, que nunca enxerga tudo, é visionário. O amor-emoção, que só se liga ao visível, é apenas, segundo Lacan, *Verliebtheit* – fascinação, ofuscamento e cegueira.

Esses elementos opacos no coração do Outro não são puras abstrações, e sim "divinos detalhes", expressão retomada por J.-A. Miller de Paul Valéry. São partículas concretas de singularidade que não se compõem com a *Gestalt* fascinante, mas que estão, ali, no quadro.

O analista será, como afirma Freud, incluído nas "séries psíquicas do paciente", tomado na transferência, não por ostentar esta ou aquela qualidade, mas por ser o suporte desses elementos ainda desconhecidos da consciência. Uma análise só se inicia quando, abrindo mão dos prazeres afetivos do semelhante em nome dessas pequenas coisas quase invisíveis, passamos do amigo ao estranho, do contrato à aposta e da emoção à paixão. Não é à toa que a psicanálise ganhou o mundo e segue firme. É porque seu trabalho é conduzido do começo ao fim pela paixão. Não tanto no sentido assinalado para o senso comum, de violenta perda de si, e sim no de que ela leva além.

Os divinos detalhes do amado são rastros desse além. Pela conexão estabelecida com os mistérios da paixão, parecem concentrar mais do acontecimento que as imagens e nos levam a querer e a oferecer tudo e muito mais. Mesmo o que de mim desconheço será, no amor, do amado; donde a fórmula de Lacan "amar é dar o que não se tem"; podemos lê-la como: amar é depositar no encontro com o amado o segredo dos divinos detalhes que localizam o mais profundo da vida em nós.

O modo como eles serão postos a trabalho fará, no entanto, com que uma análise não tenha o destino da dissolução passional delineada por Chico Buarque. Nesse sentido, ela segue os caminhos de três paixões fundamentais – *amor*, *ódio* e *ignorância* –, com as quais Lacan define a transferência e que se distinguem pela função dada, no sentimento, a esses pontos opacos.

No amor eles serão divinos detalhes; e na ignorância? A paixão da ignorância consiste em mirar, no visível dos detalhes, o invisível de um divino que eles indicariam. Tornam-se, então, insignificâncias diante do esplendor que anunciam. Tudo terá o mesmo destino de insignificância, pois o que é algo que se pode ver, sentir ou cheirar com relação a esse real absoluto? Despojar-se pode, inclusive, se tornar o objetivo nessa carreira ascética. A referência religiosa é explícita; a de Lacan é santo Agostinho, a nossa se limitará à caminhada da canção "Se eu quiser falar com Deus", de Gilberto Gil:

Se eu quiser falar com Deus
Tenho que folgar os nós
Dos sapatos, da gravata
Dos desejos, dos receios
Tenho que esquecer a data
Tenho que perder a conta
Tenho que ter mãos vazias
Ter a alma e o corpo nus…

Uma análise começa, muitas vezes, por um deslocamento de ênfase, da paixão do amor à da ignorância, convertendo alguém até então apaixonado por outro (ou por si mesmo) em um amante da própria análise. Impulsionada por essa função, por Lacan denominada *sujeito suposto saber*, a análise, agora tornada busca de um significado maior, pode, no entanto, infinitizar-se. O primeiro passo foi dado, mas a verdade assim colocada escapa. Sempre suposta, nunca presente.

Representação

Freud aborda as três vertentes da transferência - amor, ignorância e ódio – a partir de sua teoria da representação [*Vorstellung*].

A representação freudiana tem pouco a ver com a ideia de reprodução, *mimesis*, que o termo guarda em português. A *Standard Edition* brasileira acertou, como raramente faz, ao traduzi-la como *apresentação*. Não é um objeto simples, mas um "complexo de associações"; sua unidade é precária, pois é sempre um recorte de uma rede de significações que se ramificam e não constituem necessariamente um conjunto fechado. É mais colagem do que cópia. O essencial é: assim caracterizada, uma representação, tal qual um novelo, mesmo composta de fios de significação, deixa de ser um retrato do mundo e passa a carregar consigo um irrepresentável. Um exemplo de Freud ajuda a delimitá-la. A mãe de uma paciente adolescente havia lhe contado as circunstâncias do trauma de sua filha, envolvendo uma situação de abuso homossexual por uma mulher. Freud, portanto, sabia do acontecido, enquanto ela não se lembrava de nada, exibindo uma "amnésia histérica" com relação ao fato. Ele lhe comunica o ocorrido e observa que, após a sessão, sua paciente tinha uma nova "crise histérica" de amnésia e retornava, na vez seguinte, com a mesma ignorância. Após algumas tentativas frustradas, ele desiste.

Sustenta então: o essencial era "a lembrança inconsciente" e não o conhecimento dos fatos.

As características dessa lembrança inconsciente deixam claro que o campo das representações não coincide com o campo das ideias ou dos significados do mundo. À primeira vista, ela teria algo mais, o ocorrido em toda a sua completude, inclusive emocional. No entanto, a representação inconsciente tem algo a menos. Ela não possui a característica essencial de um conteúdo de saber: não é partilhável. Não é o bastante conhecer seu conteúdo, pois ela inclui a marca de uma vivência única, incomunicável, fora do campo da analogia e do semelhante. Essa singularidade não corresponde a um "a mais" de afeto. Ela é, em si, um registro excepcional inominável, fora de cena, que, apenas ao se encaixar, compor com os outros componentes da memória histórica, poderá ser lido. É isso que faltava a essa paciente para que os fatos pudessem ser subjetivados como Freud esperava. Ela podia ter apenas a lembrança, o conhecimento dos fatos, mas não uma verdadeira representação do ocorrido que a incluísse em toda a sua singularidade.

Onde vivem essas representações? A melhor resposta é "não importa". Se quisermos trabalhar no veio clínico aberto por Freud, basta nos contentarmos com o fato de que a memória do homem é espantosa, estranhíssima. Dispensemos uma teoria acabada sobre nossos arquivos porque, de tão complexa, leva sempre a um número sem fim de paradoxos e questões. Só é preciso admitir que a constelação de representações costumeiramente designada *ego* será perturbada, forçada a se recombinar com os fragmentos de si que se apresentam, como um enxame, quando nos deixamos navegar nos fios associativos de uma análise.

Lacan distingue, então, no grande campo das representações, um subconjunto chamado *conhecimento* formado por aquelas subjetivadas, que, por analogia, são "compreendidas". O próprio do conhecimento é esse caráter analógico, decorrente de infinitas comparações e reflexões.

Já o saber que interessa em uma análise, o saber inconsciente no sentido fixado por Lacan com seu gosto pelos oximoros, é um "saber que não se sabe". Não se sabe porque, apesar de estar conosco, recusa-se a dormitar, dócil, em nossos guardados da memória, ao alcance da mão, por ser constituído de pedaços de lembrança não encampados pelo eu, não assumidos na primeira pessoa. Freud o compara a um edital, ou à promulgação de um decreto ainda não conhecido dos ministros, dos juízes, porém já em circulação pela cidade. Não tem a espessura da subjetividade, mas a força do impenetrável exatamente por guardar um "a mais" de vida, o qual, entretanto, teima em não se inscrever no campo do compreensível. São fiapos de histórias, fotos amareladas, brilhos caleidoscópicos, coisas inesquecíveis sem, no entanto, podermos dizer que realmente as vivemos, fragmentos de sonhos, de nomes e de sabores.

Pulsão, hiância e texto

Uma análise avança descobrindo quanto a vida que se tem não cabe na vida que se leva. Freud denomina *pulsão* essa presença extemporânea na morada do eu. É um "conceito mítico", segundo ele, exatamente porque nomeia o acontecido fora dos limites do dizível.

Nessa busca de si, aguardam-nos, então, a escassez de metáforas e a abundância de longos silêncios, pois, no plano da coerência e da narrativa, o que pressiona adiante é bem pobre. A hipótese freudiana do inconsciente sustenta, porém, que apesar do real não se representar *em si*, ele pode se fazer, aqui e ali, *representar*. O inconsciente é feito, portanto, de susto, e igualmente de encontro, da manifestação de uma presença sem corpo, cheia de silêncio, nunca revelada inteiramente, mas presente, intensa, em pedaços de fala, o que leva Lacan a defini-lo como "hiância e texto".

Uma analogia lacaniana bem pé no chão localiza a relação entre o eu, a pulsão e a linguagem. O corpo que temos, nossa imagem de nós, seria uma peneira fornecida pelo Outro, este caldo de cultura que nos constitui. Atravessada continuamente pela pulsão, essa peneira retém em sua malha um tanto de sua força sob a forma de partículas – fisgada, como foi possível, pelo que em nós é linguagem. A pulsão se deposita dessa forma, como detritos, restos. Carregados pelo incabível, não compõem com o restante do eu, aqui representado pela peneira. Fragmentários, têm unidade precária e só obtida em um segundo momento, em formações como a de um sonho, verdadeira "colagem surrealista", no dizer de Lacan.

Dessa forma, no campo do que estamos chamando de representações, algumas serão incluídas no eu, tornadas autoconhecimento e subjetivadas, outras não. Essas últimas, os dejetos da peneira, interessam diretamente ao analista. Elas têm um valor especial para a nossa singularidade por serem o registro dos momentos quando fomos algo além da personalidade que aprendemos a ter. Esses sinais, no dizer de Freud, "representam" a pulsão, evidentemente não ao modo de uma reprodução em escala menor, como um mapa reproduz um país. Não há nada de *mimesis* aqui. Elas são, seguindo outra metáfora de Lacan, como os diplomatas representando seu país, nada tendo em comum com ele, mas a ele ligados indissociavelmente.

Não apenas a representação, também o afeto é definido por Freud como *representante* da pulsão. A tendência natural é abordar esse par por uma retomada da clássica oposição entre o corpo e a alma, como se fossem duas essências distintas levadas a viver juntas, cavaleiro e montaria. Desse ponto de vista, o afeto seria o verdadeiro representante da pulsão por estar mais próximo de sua energia animal, enquanto a representação, entendida como conhecimento, seria o piloto no navio, o abstrato no homem, sua alma. A aproximação empreendida pelo próprio Freud entre o afeto e uma descarga de libido parece aproximar a metapsicologia psicanalítica dessa visão, na qual pulsão e afeto guardariam uma relação de representação não ao modo dos diplomatas, caso dos significantes, mas sim de uma identidade de essências.

Entender dessa forma o inconsciente freudiano, como uma retomada do dualismo corpo *versus* alma, reduziria a análise, experiência de fala, a um etéreo tratamento da alma que deixaria de fora sua base corporal. A montagem freudiana é outra, bem distante do dualismo. Ela situa fora do discurso uma força pulsional que investe representações determinadas, fragmentos privilegiados do ambiente histórico de uma existência, e os vai costurando sobre a imagem corporal, constituindo a precária montagem a que denominamos indivíduo. Aquelas desse lote que não puderem compor com o todo, significantes inconscientes, serão mantidas especialmente "carregadas" por não interagirem com o Outro diretamente, como fazem as da consciência. Nessa estrutura – Freud é taxativo – o afeto representa a pulsão apenas secundariamente aos significantes, pois localiza-se exclusivamente na consciência.

Não há afeto inconsciente

"É da essência de um sentimento ser percebido, ser conhecido pela consciência", diz Freud. "Para onde vai o amor quando o amor acaba?", pergunta Chico Buarque. Onde fica? Segundo Freud, em lugar nenhum, pois sua duração depende das falas que nos envolvem e sustentam. É preciso, portanto, inverter o sentido de nossos hábitos mentais quanto ao mundo do sentimento. O afeto não é primordial, é secundário. Efeito no corpo de um dizer, ele é "secretado" pelo discurso. Como propõe Lacan, ele "vem ao corpo" e não provém dele.

O inconsciente é texto e hiância, discurso e pulsão. Ainda que alternativo às falas oficiais do *ego*, fragmentário e disperso, não deixa de ser discurso. Ele produz afetos, não os contém.

A hipótese freudiana do inconsciente não tem, então, incidência sobre os afetos? Indiretamente, sim. Ela postula: o discurso que secreta o afeto não precisa necessariamente ser consciente. Ele pode vir fora de lugar, o afeto pode estar deslocado, seguir à deriva pelo efeito do recalque. De fato, pode haver dúvida sobre suas origens, possivelmente serão desconhecidos os significantes que determinam e sustentam um sentimento, às vezes contra todas as evidências conscientes; apesar disso, como diz Freud, "se temo bandidos num sonho, os bandidos são falsos, mas o medo é bem real". Essa é a verdade do afeto. O medo sempre será aqui e agora e sempre será medo, ainda que os bandidos que o provocam possam estar em qualquer parte. Podemos recusar direitos de verdade ao afeto como tal, mas estar triste sempre significa sofrimento. Mesmo que um ator force suas lágrimas, que sua representação seja péssima, caso a tristeza se apresente, ela será sempre triste.

Sobretudo, a incidência maior do inconsciente sobre o campo afetivo é que ele o faz cair do trono com relação ao real. Apesar de dizer a verdade, ele engana. Paradoxo? Apenas aparente. O afeto deixa de ser a expressão fundamental do eu, sua verdade animal. Deixamos de supor que ele teria um sentido primitivo, mais básico e real que o das palavras.

Cargas e amebas

O real com o qual lidamos em uma análise não é desse tipo, não é um sentido, nem primitivo, nem energético. Em outros termos, o real é fora do sentido, por isso não haverá para nós significado primordial. Ele é vida, mas quando ela excede e colide com as rotas de uma existência. Ao contrário, quando esse real se apresenta, quando a vida fica "fora de si", os afetos vêm tomar para si a intensidade do vivido, fazendo-o retornar ao senso comum sob a forma, define Freud, de uma descarga, escoadora de um tanto de tudo o que não tem cabimento.

Nossa visão fisicalista do mundo tende a tomar o real como energia vital que, uma vez acumulada, encontraria pacificação no restabelecimento do equilíbrio promovido por sua descarga. As metáforas energéticas são, porém, perigosas por nos fazerem esquecer que são somente metáforas. "Quantidade" é apenas um modo de falar de um excesso constitutivo, tornando-o grandeza mensurável e, portanto, parcialmente domada e inserida no cotidiano. Não é por Freud falar em distribuição, acumulação e descarga de uma energia pulsional, sexual e indiferenciada, por vezes definida como libido, que estaria necessariamente falando de algo mais concreto.

Mesmo quando assim se exprime, Freud define o afeto como a "tonalidade subjetiva" da descarga pulsional. Para dar conta desse aspecto subjetivo é preciso buscar apoio em outras metáforas de Freud, não nas energéticas. De fato, ele se apoia igualmente na biologia, ao aproximar a carga pulsional aos pseudópodes de uma ameba. A libido pode ser, segundo ele, também pensada como uma espécie de grande protozoário. Que se peça a alguém, quanto mais desconhecido melhor, para pousar a mão no seu ombro por um momento. Quando a mão se vai, fica a sensação de alguma coisa ainda permanecer ali. O que é isso? Nada mais senão a libido daquele que realizou o toque, a qual, com seus pseudópodes, acaba de nos afetar e, eventualmente, transformar.

Ganhamos a possibilidade agora, ao deixarmos de privilegiar unicamente as oscilações quantitativas da energia vital, de delimitar toda uma série de estados afetivos distintos. Rir, chorar, invejar, enciumar-se não são variações de um monótono *continuum*, da depressão à alta autoestima, mas modos qualitativamente distintos de se deixar tomar pelos pseudópodes do Outro e de descarregar seus efeitos de modo socialmente compartilhado.

Darwin com Freud

De onde vêm, porém, os diferentes modos afetivos? Quem os define? E por que parecem variar tão pouco nas mais diversas culturas?

Do ponto de vista da ecologia analógica, a resposta é direta. Segundo essa visão, sempre que houver necessidade de uma ação faremos de acordo com o homem que somos, mas igualmente conforme o macaco que fomos. Se os signos do mundo forem lidos como uma situação de perigo, por exemplo, reproduziremos os comportamentos de nossos ancestrais nesse contexto. Por essa razão crispamos o maxilar quando sentimos raiva, tal como os cachorros, para avançar e morder seus inimigos.

Essa teoria darwiniana da expressão das emoções é retomada por Freud, mais uma vez, de maneira particular. Ele também convoca elementos ancestrais para justificar por que os afetos variam tão menos que outras manifestações culturais. No entanto, em vez daqueles do macaco em nós, define-os como "acessos histéricos" fixados na espécie. A expressão designa em seu contexto sobretudo os sintomas conversivos, nos quais um conflito ganha lugar no corpo como forma de traduzir em outro plano seu impasse. Freud postula que modos singulares de reagir a impasses, do frio no estômago ao crispar do maxilar, ter-se-iam inscrito ao longo das gerações nos modos de reação-padrão e seriam oferecidos a cada novo habitante do espaço cultural como via preferencial de descarga.

Parece Darwin, mas não é. Não são reflexos do animal e sim vivências subjetivas incorporadas à nossa herança simbólica. Não são sintomas surgindo em cada um a partir de sua genética; ao contrário, são modos individuais de viver um excesso vital inscritos no universal da espécie, da cultura, da língua.

Portanto, desde que sejamos da mesma paróquia, o afeto é, em si, sempre velho conhecido. Nossas maneiras de chorar e sorrir são recebidas por nós, já prontas, no momento de entrar na cultura, juntamente com os desejos e romances que nos constituem. Se esse *kit*-cultura fornecido pelo Outro fosse um filme, o afeto seria sua trilha sonora. Nele, os sentimentos agem conforme o coro do teatro grego, sustentando, nos termos de Lacan, um "comentário emocional" da ação. O coro afetivo em nós realiza, como em um bloco de carnaval, o paradoxo de estarmos ao mesmo tempo o mais próximos possível de nosso corpo agitado e, fundidos na massa, o mais distantes do real que nos habita.

Vamos adotar, para deixar mais claro, um dos nomes mais conhecidos desse real: *singularidade*. O afeto nos afasta da singularidade, é um empuxo ao universal. Em lágrimas, riso ou outros moldes afetivos, eles estão sempre à disposição para fazer o corpo vibrar no diapasão dos modos de sentir recebidos da cultura. Eles modulam, amplificam, suavizam; enfim, tanto encarnam quanto amortecem o absurdo de nosso destino, a profunda contingência de que somos feitos.

O singular em cena

Essa maneira de conceber o afeto é bem distante da experiência comum e, por isso mesmo, de difícil apreensão. Dois momentos de um documentário de Eduardo Coutinho, *Jogo de cena*, talvez possam dar alguma ordenação prática a essa ideia.

O filme é todo constituído de narrativas, enunciadas por mulheres as mais variadas, de acontecimentos pessoais não necessariamente relatados pela própria pessoa que os viveu. Nele, uma mãe descreve a morte do filho e a incomensurável dor dessa perda ainda a esmagá-la, que nos toca profundamente. Em outro momento, porém, outra mulher conta a mesma história e nos emociona com igual intensidade. Isso nos desnorteia: uma das duas é uma atriz desconhecida; outra, a verdadeira mãe.

À primeira vista, o documentário apresenta-se como a fria demonstração de que a tristeza é *prêt-à-porter*, pois podemos ser afetados com a mesma dor por um personagem real ou um ator. Pior: ela seria vivida com a mesma autenticidade, seja a perda real ou não.

Em lugar de diminuir o sentimento da verdadeira mãe, nossa teoria é feita, ao contrário, para respeitá-lo em maior medida. O mesmo ocorre com o documentário, pois quando o filme aproxima a tristeza da mãe e a da atriz isso só torna mais evidente quanto a dor em questão vai além da tristeza. Mãe alguma tem como dizer o que sentiu em uma perda, não há palavras.

Contudo, enquanto um tanto disso ganha forma de afeto e pode ser partilhado, outro tanto é retido nos divinos detalhes do perdido para sempre. Ela conta, por exemplo, quando encontrou forças, meses após a morte do filho, para retornar à casa fechada, como se espantou com os legumes que tinham brotado na geladeira. A aposta de uma análise é a de que detalhes aparentemente secundários, como este, fora do discurso consciente, sustentam o mais singular da dor dessa mãe e lhe permitem, a cada dia, dar forma ao que sente. Sem eles e o afeto por eles engendrado e reengendrado, a mãe estaria mergulhada em uma dor ainda mais insuportável, pois sem nome ou rosto, puro abismo.

Outra mãe, no mesmo filme, conta a ruptura com a filha. Após seu divórcio, o marido foi viver nos Estados Unidos e desenvolveu-se especial união entre elas, a ponto de, durante dezesseis anos, dormirem juntas na mesma cama. Ao mesmo tempo conta do próprio pai, árabe, sujeito intenso, enorme em vários sentidos, e que recorria frequentemente a castigos físicos.

O contexto do tapa paterno fixou para ela seu sentido do lado do amor e não do ódio. A mão de seu pai inscreveu em seu corpo algo com o mesmo valor das marchinhas de carnaval que cantava. É exatamente o que cria um impasse com relação à filha. Marchinhas e bofetadas transcreviam aquele homem sério, de dois metros de altura, que inspirava um mundo de afeto de tonalidade claramente distinta daquele da mãe para a filha. Para esta, aparentemente nada de violência poderia coexistir com o carinho da mãe. A ruptura se dá no momento em que a mãe a esbofeteia, o que a faz levar a genitora até o tribunal. Nunca mais foram as mesmas.

Essa mãe ainda está perplexa por não entender como uma bofetada pode ter tamanha consequência e levar a tanta solidão. É a única das entrevistadas a voltar para uma gravação suplementar, por considerar sua narrativa com um tom trágico. Pensa em cantar uma marchinha de carnaval como o pai fazia, mas acaba entoando os versos usados para ninar a filha: "se essa rua, se essa rua fosse minha...". Nessa canção, não na marchinha, está o que ordena seu vivido com relação à filha. Somos tomados pelo seu melancólico sentimento e o filme termina no imenso desencontro entre o vivido singularmente, na raiz do ser, e o que se sente do vivido. Se essa rua fosse minha...

O perigo das origens

Abuso

Ao buscar a origem dos sintomas histéricos de suas pacientes, Freud encontra o trauma. É o que constitui sua "teoria da sedução": o abuso sexual em tenra idade por parte de um adulto, sem elaboração possível pela criança, levaria mais tarde à constituição do sintoma. O modo como lidamos com a violência, mais do que a violência em si, vai se mostrando preponderante na experiência psicanalítica – a ponto de Freud dispensar a necessidade de um abuso real. A sedução deixa de ser coisa acontecida e passa a poder ter sido apenas fantasiada. Tudo muda, pois a causa, uma vez localizada na fantasia, perde a fixidez de um acontecimento datado. Somos mergulhados em um mundo mais virtual e movediço. A realidade psíquica tem outras regras: não há, por exemplo, testemunhas, fontes imparciais ou documentos históricos a serem consultados.

Quando nos deslocamos no plano da fantasia saímos do registro médico, do sintoma tomado como corpo estranho. O sujeito é aí também demiurgo de seus males. Engenheiro, mestre de obras e pedreiro, tudo ao mesmo tempo passa a ser, também ele, elemento causal. Buscar a origem do sintoma tende agora a remeter à origem de si e torna-se uma investigação menos orientada, mas por isso mesmo bem mais surpreendente. O cuidado terapêutico estará, evidentemente, na ordem do dia, entretanto não é apenas ele que impele uma análise. Guiados por um "O que me fez assim?", sem limites prefixados, podemos atingir situações não alcançadas pela pesquisa exclusivamente dedicada à causa do sintoma.

Vasculhar todos os cantos da casa, porém, paradoxalmente, apenas deixa mais claro que nunca teremos acesso diretamente à causa em si. Ela reside em um vazio originário, pois, como sintetiza Lacan com um aforismo célebre, "a palavra é a morte da coisa". No entanto, dele teremos informações esparsas, fragmentos e lembranças estranhas navegando em uma área fora do eu. Esses fragmentos inconscientes, carregados do que não coube em uma história, apresentam-se, por sua genética de ruptura, com a força do traumático.

Uma análise, em vez de completar esse vazio de sentido que precede e acompanha o sujeito, imprime um novo modo de lidar com ele a partir de tais restos. Ela, porém, não é o único modo de tratamento para esse real, há modos "espontâneos", entre os quais dois se destacam quando o assunto é afeto: sua inclusão por analogia, fundamento imaginário da emoção, e por quantificação, manipulação simbólica. Há um terceiro modo, profundamente ambíguo, feito de deslumbre e movimento, norteador deste livro. É a paixão, com que fundamentalmente conta o analista para levar uma análise adiante. É hora de examinar o modo como Freud e Lacan articulam paixão e origens.

Tédio

A maneira mais comum de lidar com o real das origens é imaginá-lo como um tempo de satisfação plena de todos os desejos. Nisso parece apostar Freud quando descreve, em termos análogos, um momento do desenvolvimento e o batiza *narcisismo primário*, ou ainda *autoerotismo* (não sinônimos). Lacan entende, no entanto, ser este apenas um modo de dar lugar conceitual ao paraíso perdido, sempre presente em análise, nas mais variadas formulações, como quando se diz de alguém que ele "quer voltar ao útero da mãe" quando sonha com esse éden original.

É boa a expressão para dar-lhe o máximo de concretude e o mínimo de divindade. O paraíso existe para Freud apenas como miragem reguladora, postulado. Foi preciso definir esse éden original como autoerotismo, assim como narcisismo primário (não poderei, aqui, distingui-los), por ser elemento necessário à abordagem do aparato psíquico. Sua existência se insere no campo do devaneio, não no da realidade, comprovando o fato de Freud indicar que apenas um "eu-original" teria experimentado esse bem-estar intrauterino, nunca nós. O útero originário faz parte de nossa vida como alguns dos tantos incorporais que nos organizam e norteiam sem serem verdadeiros acontecimentos históricos na vida de cada um ou da raça.

No cotidiano, o que experimentamos disso dura pouco e se vincula mais frequentemente à missão cumprida ou à malhação bem-feita. A ideia da beatitude, do narcisismo original de um paraíso mítico, tem efeitos afetivos em nós que não são os da paz perfeita. O estado afetivo correspondente ao autoerotismo é, para Freud, o de uma incomensurável indiferença. Nem tanto a indiferença como afeto, mas como marca de sua ausência, dada a indiferenciação entre mãe e bebê. Lacan retoma essa indiferenciação em outro plano, como tédio. Nem a paz das endorfinas, nem a química da morfina respondem pelo efeito afetivo da beatitude, e sim o tédio. Este traduz o que seria, no corpo, a paixão associada à imagem da alvura celeste.

O céu transpira tédio. O gozo absoluto, paixão do paraíso, seria uma delícia, talvez, no entanto, apenas se fôssemos capazes de deixar de ser o que somos e nos tornássemos o eu-original freudiano, anjos. Aqui na Terra, como lembra Freud referindo-se a Goethe, nada mais infernal do que uma sucessão de belos dias! A felicidade possível para nós, segundo ele, terá de ser montagem, agenciando vários tipos de tendências, entre as quais o ódio tem lugar obrigatório.

Assim ele a define, citando Heine: "... meus desejos são: uma humilde cabana com um teto de palha, mas boa cama, boa comida, o leite e a manteiga mais frescos, flores em minha janela e algumas belas árvores em frente de minha porta; e se Deus quiser tornar completa minha felicidade, me concederá a alegria de ver seis ou sete de meus inimigos enforcados nessas árvores. Antes da morte deles, eu, tocado em meu coração, lhes perdoarei todo o mal que em vida me fizeram. Deve-se, é verdade, perdoar os inimigos – mas não antes de terem sido enforcados."

Violência

A psicologia ambiente, no entanto, toma o ódio numa balança em que ele é permanentemente equilibrado pelo amor, como duas faces opostas da moeda do sentimento, jamais uma sem a outra – como sintetiza o termo *ambivalência*. Assim delimitada, ela neutraliza a força dessas paixões, pois se sempre amo e odeio, devo admitir estar a virtude no meio. É a *Aurea mediocritas* dos epicuristas e de Horácio, criticada por Lacan, pois, afinal, o meio muitas vezes é bem mais ou menos.

Para Freud, ódio e amor "não têm entre si uma relação simples; não surgiram da mesma origem, nem estão no mesmo lugar e seguem caminhos distintos". Apesar de ele se referir a Eros e Tânatos em sua teoria das pulsões como dois princípios permanentemente presentes nas ações humanas, apesar de pulsões e afetos terem íntimas conexões, não podem, já vimos, simplesmente serem superpostos. Além disso, Freud fez tudo, menos esmaecer a potência demoníaca dessas paixões na balança *zen* da ambivalência ou em uma teoria universal do bem e do mal. Ao contrário, aproveitou-se da força de cada uma, em sua especificidade, para fundamentar o trabalho da transferência. É nossa tarefa, portanto, compreender por que, na zona originária do eu, limite entre o eu e o não eu, Freud não situa nem o amor, nem o tédio, mas o ódio.

Sua orientação é bastante conhecida: "na relação com os objetos o ódio é mais antigo que o amor." Uma primeira leitura seria evolutiva, como se essa anterioridade situasse o ódio mais próximo do animal em nós, e o amor, mais sublime, perto de Deus. Nunca é demais recusar, mais uma vez, o evolucionismo psicológico, sempre teológico e normativo. Inferir que somos constituídos por uma metade antiga e uma metade recente, uma demoníaca e outra divina, só nos levará a tentar harmonizar, segundo parâmetros preestabelecidos, o animal-diabinho dos sonhos com o mortiço funcionário com que topamos diante do espelho ao acordar.

O que fazer com essa anterioridade do ódio? Para começar, destacar a discrepância: o ódio não é tão presente na análise como essa importância lógica deixaria imaginar – a ponto de o amor ser quase sinônimo de transferência. Intensamente vivido na análise quando se trata de retomar o acontecido com os diversos personagens de uma história, o ódio tem colorido afetivo discreto no que se refere ao analista. Quando se apresenta, define-se um caso especial de transferência, dita "negativa".

A solução de Freud virá no texto "A negação", onde postula: o ódio é anterior ao amor porque da massa indiferenciada composta pela mãe e o bebê é preciso que algo se extraia, que uma particularidade opaca seja expulsa, para que o lugar de onde ela saiu se constitua retroativamente como Um. Essa fração expurgada do caldo materno no qual se banhava o eu-original é necessariamente tomada como perniciosa, pois apenas seu afastamento garante a unidade precária conquistada pelo eu, que ganha existência, *a posteriori*, como aquele que dela se afastou. O ódio vincula-se, portanto, a esse momento mítico de constituição de si.

Nessa postulação complexa, o modo como uma análise lida com as origens distingue-se da filosofia tradicional, que supõe necessária, primeiro, uma existência, para que a seguir possa haver juízo de valor. Nesse contexto, primeiramente sou, e só depois tomo consciência de que alguns objetos são prazer; outros, desprazer. Para Freud, primeiro algo é ruim e, nisso, um "si mesmo" passa a existir.

O mais importante é perceber a relação entre essa estrutura mítica e a do discurso de todo dia. Afinal, ela só é concebida por Freud para que o analista possa lidar com as histórias ouvidas a partir do ângulo inabitual da experiência analítica. Há sempre violência e segregação nos momentos em que algo se decide e uma definição se institui. A experiência comum já o indica: quem critica tem sempre razão. Dizer "isso não" é meio caminho para ser tomado como próximo da verdade. Você quer ser escutado? Fale mal de alguém. Quer ter poder? Diga não. Quer aparentar segurança? Brigue.

No amor, a busca pela fusão leva à ambiguidade, é difícil dizer quem é quem. Já o ódio se desenrola na assustadora lucidez de uma certeza intrínseca. Estranhas consequências: fundar, instituir o que quer que seja, implica mais ódio que amor.

Ódio, raiva e cólera

Talvez nos assalte a impressão de uma apologia do ódio. De modo algum. Situá-lo em uma zona de violência fundante, paixão da segregação por excelência, aquela que acompanha toda ordem instituída, não é ainda caracterizá-lo como um sentimento. Melhor distinguir, como faz Lacan com relação à angústia, um ódio constituinte de um ódio constituído.

Até aqui visei ao primeiro, localizado em um plano apenas suposto, tal como o éden deduzido das narrativas de uma análise. De fato, as histórias tendem a começar com um "era uma vez..." e a se concluir com um "...e foram felizes para sempre". Prévio ou posterior, é preciso postular um estado de calma e beatitude para além dos acontecimentos para o qual estes convergem. O ódio lembra que todo início e final supõem igualmente a destruição desse estado ou coisa.

Tal como a beatitude, que é sempre suposta em outro lugar, esse ódio nunca é exatamente aqui e agora, por isso constituinte e não constituído. No entanto, a beatitude nunca se encarna, apenas produz tédio, enquanto o ódio pode se apresentar no concreto do mundo, constituído. É quando se assimila aquilo que deve ser ultrapassado para que o novo se faça a uma particularidade malévola a ser retirada de cena – no pior caso alguém de carne e osso, tornado inimigo.

Nesse plano, o ódio ganha a forma de emoções tais como a da inveja, feita de cabo a rabo dessa encarnação do pior em alguém, gerando violência dirigida ao próximo; ou ainda do ciúme. Lacan dá lugar a outros dois afetos nessa série. São a raiva e a cólera.

Define a *cólera* como aquilo que nos afeta quando "os pininhos não entram nos buraquinhos" ou, dito de outro modo, os parafusos não entram nas porcas. É quando o feito-para-funcionar dá pane, quando a conexão prevista não acontece e nos assalta a irresistível vontade de chutar o computador. Alguma coisa emperra o funcionamento e precisa ser extirpada, mas não conseguimos encarná-la em nada muito preciso.

A *raiva*, por sua vez, se situa em posição oposta. É o que sentimos quando o funcionário se volta e diz: "O sistema acusa que o senhor passou dois minutos do tempo previsto e terá que pagar por mais 24 horas, nada posso fazer." É o próprio sistema que odiamos, representado pelo funcionário ou pelo computador.

A cólera é articulada por Lacan ao Outro da lógica universal, e a raiva ao encontro com a burrice [*bêtise*], justamente constituída pela crença cega no Outro da logística ideal. Proponho uma rápida ilustração para não nos perdermos nesse imenso continente: quando a mulher perde a cabeça porque seu parceiro foi, de novo, burro. Após uma briga ele quer mostrar a ela o quanto está equivocada. Encolerizado, redige um tratado no qual desmonta todos os movimentos de sua amada e demonstra seus equívocos. Mas ela não lê, pois está tomada pela raiva, pela violenta certeza de não haver nada nas razões dele a contemplar o que lhe parece realmente importante. Diante desse obtuso, que só se desloca no plano do pão, pão, queijo, queijo, só lhe resta, muitas vezes, fazer pratos, ou o que mais tiver à mão, voarem contra a parede.

O laço comum dessa série de afetos violentos – inveja, ciúme, raiva e cólera – é o ódio constituinte, como paixão que, em seu sentido radical, tem como objeto um "nada". Por isso cada uma dessas emoções é parasitada pela agressividade a mais humana, aquela sem limites, de um excesso desregrado, muito além da violência animal, esta sempre compreensível.

Histeria e obsessão

Uma análise navega entre a emoção e a paixão, entre o constituído e o constituinte. É o que demonstram as duas grandes figuras de orientação do amor e do ódio na experiência freudiana: a histérica e o obsessivo. Antes de retomá-las é preciso situar. A primeira já deixou de existir na categorização psiquiátrica e se espalha hoje entre mil e um transtornos, da depressão à fibromialgia, passando pela última síndrome descrita sem causa evidente e sem lesão aparente. O obsessivo prossegue tendo uma categoria só para si, no que hoje se conhece como TOC (transtorno obsessivo-compulsivo). Cada um segue, no entanto, vivendo suas paixões na transferência de modo paradigmático.

O amor explora os limites do saber. Sei que amo, mas nunca esgoto a lista de razões do porquê. Fazer análise, para começar, muitas vezes é acreditar que existe uma verdade sobre nosso amor e que o analista a tornará realidade. Essa suposição estabelece um novo amor, chamado de transferência, o qual faz os abismos do amor cego serem trocados por algo mais palpável, a ignorância. Para essa transação, nomeada por Lacan de instalação do *sujeito suposto saber*, não é necessária nem mesmo a existência de um objeto de amor prévio, basta seguir um vago querer saber de si.

No mesmo movimento empresta-se ao detentor dos segredos da paixão, o analista, uma doce pacificação. Assume-se que ele não mais se desespera na busca de si. É como imaginamos os sábios e os mestres, conceituados por Freud em torno do termo *Pai*. Essa tranquilidade, porém, é também mortificação. Se a palavra é a morte da coisa, os donos de seus segredos se desligaram da vida. A função paterna (que, é bom lembrar, não precisa necessariamente ser encarnada pelo pai da realidade) é mortificante.

O analista, por consentir com esse dispositivo, vai, no entanto, aos poucos se apresentando como aquele que detém um desejo a mais, silencioso e indefinível. É também da estrutura do discurso: se a palavra mata a coisa, o silêncio é prenhe de vida. Quanto mais avançamos, certos de estarmos seguros com o Pai, mais nos assombra nele a súbita impressão de um estranho desejo. É o encontro com o desejo do cego de Clarice Lispector que, parado no ponto, aguarda o bonde mascando chicletes: "Ele mascava goma na escuridão. Sem sofrimento, com os olhos abertos. O movimento da mastigação fazia-o parecer sorrir e de repente deixar de sorrir, sorrir e deixar de sorrir." O indefinível no desejo do Outro, conforme o define Lacan, pode se apresentar a cada esquina, nas mais prosaicas situações, incluindo a indefinida presença do único companheiro na longa viagem de um elevador silencioso.

O sujeito suposto saber é, portanto, um engano, pois descobre-se que o amor ao pai não leva ao conhecimento, mas ao gozo. Exatamente porque um desejo indefinível foi materializado do lado do analista, a tendência do analisando será a de contar a ele aquelas cenas e lembranças em que algo assim apresentou-se em sua história. Compreende-se por que é um pai sedutor, aquele que passou dos limites da relação apenas afetuosa com a filha e pareceu-lhe querer algo mais, quem a histérica encontra em seu passado ao endereçar para o analista os significantes de uma vida em torno desse vazio de saber. As histéricas tendem, assim, a encontrar, para além do pai, impotente, mortificado de sua realidade cotidiana, o pai incestuoso.

E quanto ao obsessivo? O negativo da transferência na análise é situado por Freud a partir do obsessivo, cujo ódio se apresenta velado, só percebido em pequenos detalhes. A apresentação concreta na análise desse aspecto estrutural não será nem mesmo a de um afeto, mas, destaca J.-A. Miller, a de uma disposição à *suspeita* (especialmente com relação ao analista).

Da suspeita à proeza

A suspeita pouco tem a ver com a destruição, e sim com a atenção continuada que a particularidade opaca do ódio, ameaçadora, exige. Nesse contexto, mais do que ação violenta, o ato muitas vezes é o abandono do tratamento, alegando-se as melhores razões.

O modo como o obsessivo lida com esse real do Outro é equiparado, em uma das muitas definições de Lacan, a uma redução. O obsessivo emprega seus talentos para reduzir todo indefinível do desejo a uma *demanda*. Sem desenvolver a teorização lacaniana desses termos, digamos que ela é um modo de retomar a conhecida indicação freudiana segundo a qual o obsessivo estabelece uma clivagem entre representação e afeto, fazendo a primeira estar disponível sem a carga afetiva que deveria acompanhá-la. Com o termo "afeto" Freud visava, nesse contexto, a algo mais próximo daquilo até aqui definido como pulsão. Dessa forma, o obsessivo busca extrair da representação todo excesso a ela vinculado, tornando-a um pacotinho bem delimitado de conhecimento. Em outros termos, ele esvazia as palavras de sua imensidão e de seu galope para aprisioná-las na cadeia das razões. Busca, incansavelmente, fazer do silêncio fala; e do incomensurável, cálculo.

O modo obsessivo de lidar com o desejo do Outro destaca-se na sua dedicação em incidir sobre a urgência indefinível desse desejo, tornando-a apenas uma solicitação entre outras. Uma forma de evidenciá-lo é descrever nossa relação com os e-mails. Eles são sempre demandas, mesmo os *spams*. Como o obsessivo em nós lida com isso? Para começar, deixa acumularem-se os e-mails. É difícil responder logo, porque apenas a resposta perfeita, única, zeraria a demanda, extrairia dela todo desejo.

Grande ambiguidade: ao mesmo tempo que não é possível ignorar a demanda – afinal, sem ela não há Outro e sem ele não há vida – é preciso anulá-la. Impossível, então, simplesmente deletar os e-mails. O obsessivo ideal responderia a cada um com mestria, guardando o registro de todos os diálogos como prova de sua vitória. Como é impossível zerar a vida, esse trabalho não tem como concluir-se. Na prática, ele tarda, procrastina até ter acumulado um Everest de e-mails em sua caixa de entrada e virar uma noite furiosamente respondendo a cada um, para finalmente se dar um minuto de paz. Isso é o que Lacan define como proeza obsessiva, que dá ao ódio um modo de desembocar no mundo sem visar à destruição de alguém. Ela tem inúmeras faces: cruzar o Atlântico em uma casquinha de noz, criar a próxima ferramenta na web que ganhará o mundo, ou simplesmente memorizar cada vírgula do autor idealizado. Em todos os casos, perde-se em vida o ganho em realização.

Perda e perigo

O excesso obsessivo nos dirige, assim, pelo avesso, a esse modo afetivo essencial de lidar com o gozo, a perda. Qualquer perda é hoje grave crise. Talvez porque já não contemos tão generalizadamente com o apoio na crença em um juízo final, por exemplo, que compensaria perdas e danos. Desse modo, a perda da autoestima é tratada como questão de saúde pública, e "saber lidar com as perdas" é quesito imprescindível no homem de sucesso. Com Freud talvez possamos levá-la um pouco menos a sério.

Perder tem a força de uma evidência. Toda perda tem, no entanto, ao menos uma suposição implícita condicionando seu acontecimento: há um Todo prévio que acaba de ficar sem uma parte. Ora, se há uma base intuitiva, sustentando em nós a ideia de totalidade original, esta é a imagem de nosso corpo como Um. Por conta dessa analogia com o corpo, portanto, tendemos sempre a viver a perda como amputação.

Em seu texto maior sobre a tristeza, “Luto e melancolia”, Freud parece seguir o modelo da amputação, chegando a sugerir a existência de um eu original como suporte dessa totalidade primária que, no entanto, já vimos, é apenas mito regulador, e exatamente por isso se chama *original* e não simplesmente *eu*. Não poderia ser diferente, porque em vários momentos de sua obra Freud põe em xeque a premissa de uma unidade egoica originária. O eu, para ele, é uma superfície dinâmica e não tem seus limites previamente fixados. Dessa forma, a naturalidade da perda é colocada em questão, pois a unidade fundamental, o eu como base a partir da qual se registrariam ganhos ou perdas, não é dado *a priori*. A perda, para Freud, é anterior ao eu. Para podermos ser, algo é expulso, perdido por esse ser originário.

Entretanto, o sentimento da perda não é vivido em nenhum passado mítico, mas por mim, no “aqui e agora” do afeto, nesse que sou e teima em se sentir incompleto. Como uma análise aborda essa triste constância da falta?

Desespero

O texto decisivo é “Inibições, sintoma e angústia”, todo construído em torno da noção de perigo e de uma reviravolta com relação à compreensão deste que muda o sentido da perda. Tudo se passa, novamente em uma zona mítica, entre uma criança e sua mãe. O perigo é definido como “quantidades de estímulo [que] se elevam a um grau desagradável sem que lhes seja possível ser dominadas psiquicamente ou descarregadas”. A criança, vivendo um desamparo fundamental, incapaz de tratar por si mesma aquilo vindo do mundo, tanto do ambiente quanto de seu próprio corpo, pode submergir irremediavelmente nesse excesso de estímulos sem chance de retorno. O único modo de safar-se é através da mãe, que, realizando a "ação específica" necessária à satisfação, lhe permitirá descarregar esse excesso na forma do prazer de uma satisfação.

Freud realiza, então, um deslocamento. Se o perigo maior é o acúmulo e se a mãe é a única via de sua descarga terapêutica, o perigo maior será perder a mãe.

Esse deslocamento define, ao mesmo tempo, uma inversão fundamental quanto à perda. A mãe, ao garantir uma queda na tensão, era responsável por uma perda "do bem". Essa perda originava, quando de uma nova invasão de estímulos, até mesmo um movimento em direção ao objeto apresentado pela mãe na primeira situação de satisfação. Em outros termos, a redução de estímulos obtida devido à intervenção da mãe instaurava uma perda que Freud chamará de "estado de desejo". Assim, é preciso, segundo Lacan, dar à *castração* um sentido positivo original. Ela não é mutilação, mas o resultado da intervenção do Outro primordial, a instauração do regime do desejo, e por isso é definida por Lacan como "carência positiva".

No momento, porém, em que é a mãe que se teme perder, a *perda da perda* por ela introduzida tem agora conotação unicamente negativa. Na dependência obrigatória do Outro engendra-se o movimento do mundo. A verdadeira perda é, portanto, perder aquilo que nos permite desejar.

Define-se de modo novo a relação amorosa: amar não é se completar com alguém, mas encontrar alguém que sustente, para nós, nossa falta. Não disso ou daquilo, a falta que nos movimenta. Ser objeto de amor é sustentar para alguém sua falta. É o que ocorre com a perda dessa mãe mítica. Perdê-la não é sentir falta, mas perder-se de tudo. E isso não é tristeza, é angústia.

Quando nada falta, quando não se sabe mais o que se poderia desejar, esmaga-nos o mudo desespero da angústia, definida por Lacan como "a falta da falta". O termo esvaziou-se bastante, ao ser importado pela medicina como ansiedade e exportado para a cultura como estresse ou pânico. A angústia freudiana, porém, sobrevém de um lugar anterior ao "si mesmo" constituído em torno de um vazio. Por isso não tem explicação, já que é fruto exatamente da impossibilidade de transformar esse excesso sem sentido, essa vida a nos agitar sem dizer o que quer, sem localizar-se em um objeto capaz de nos mobilizar.

Qualquer perda fundamental, dessa mãe primitiva ou do amado, será vivida, ao menos em um primeiro instante, como angústia e não como tristeza. Ela é reprodução do naufrágio no caos pulsional dos estímulos sem eira nem beira. Tornada, segundo Freud, sinal, ela é um aviso de que estamos de volta aos confins da existência, povoado pela multidão dos sentidos, sem haver ao menos um ao qual possamos dar destino.

A saudade e o resto

A satisfação absoluta, se pudesse realmente ser vivida, seria estranhamente próxima desse caos. Quando a paixão impera, temos um vislumbre disso. O mundo converge para meu parceiro até que, submergido em tanta vida, nele me perco de tudo. Não é de estranhar tudo ser feito para que dele eu me perca, único modo de me salvar, de voltar a gozar de um eu. Por isso a paixão é fadada a fracassar quanto mais é bem-sucedida. A seguir, quando o dia a dia retoma seu império, quando recobro os sentidos após a escuridão do gozo eclipsar o romance, posso considerar que acabo de perder-me desse gozo. Para jamais me perder de mim, dele faço um objeto para sempre perdido e, agora sim, eterno.

Sempre é possível ficar com a perda em vez do gozo, a isso chamamos saudade. É possível guardar algo da entrega a que a paixão nos leva, mesmo se nada temos quando nos entregamos para valer. O gozo, em si absoluto e insuportável, pode ser reduzido e ganhar lugar na vida de todo dia se for como um gozo que se foi. A saudade reafirma a cada instante a presença de uma ausência, negativação do gozo fundamental que nos excede, nostalgia pelo que se foi, mas também ocasionalmente pelo que virá.

No entanto, a saudade dói. A tristeza lembra a nossos ouvidos lacanianos: a castração pode ser o que institui o desejo, mas isso não faz da falta um prazer. Apesar da importância vital da castração, ela ainda tem seu lado negro. Vejamos como.

A origem, em uma análise, é sempre *heteros* e não *auto*. Na busca de algo concreto sobre nossa verdade encontramos os familiares e amigos, e também as canções e os odores. O Outro que eles compõem nos transmite seu modo de ver, estar, provar o mundo. Tem que ser assim, se não seria puro desamparo. É assim mesmo. Se tudo fosse recoberto com seu manual de instruções, nada seríamos a não ser seu apêndice. Certo, a perda da mãe freudiana é o caos, mas essa mãe é, ao mesmo tempo, aquilo de que a criança precisa se separar. Sem a castração por ela promovida somos mergulhados no excesso do real; porém, ficar apenas com ela é garantia da perda de si mesmo em uma alienação absoluta.

O espaço entre a criança e a mãe que sustentará uma separação será, de início, uma Faixa de Gaza, transicional, como define Winnicott: não se sabe bem de quem é. Como o Outro tudo tem, para esse espaço instituir-se é preciso que algo dele seja extraído, *arrancado*, um paninho encardido, uma chupeta, uma insignificância necessariamente concreta.

Esses objetos especiais, sustentáculos da diferença entre o próprio e o não próprio, são chamados por Lacan de objetos *a*. Apesar de estabelecerem um espaço mediano, não são mediadores, não são meio-termo. Como tudo bem-delimitado pertencerá ao Outro, apenas fragmentos terão esse papel. Mamilo e fezes serão os mais evidentemente iniciais, mas qualquer coisa disforme e se apresentando como caída de um corpo tende a encarnar isso que sustenta um entre-dois fundamental. Uma última característica importante: apenas recalcados, fora de cena, eles farão seu ofício, pois uma vez presentes, mesmo causando nojo, mesmo desencaixados, podem vir a ser reapropriados pelo Outro, desfazendo o espaço vital de separação que sustentavam e gerando angústia. Lacan sintetiza essas características especiais dos objetos *a* com o termo *resto*, que Chico Buarque declina na canção "Ciranda da bailarina":

Futucando bem
Todo mundo tem piolho
Ou tem cheiro de creolina
Todo mundo tem um irmão meio zarolho
Só a bailarina que não tem
Nem unha encardida
Nem dente com comida
Nem casca de ferida
Ela não tem.

Em um registro bem mais trágico, ouça-se ainda a canção de Chico Buarque "Pedaço de mim". Apesar de parecer destacar a tristeza como amputação, há permanentemente a presença de algo mais, causa de angústia. A saudade é "arrumar o quarto do filho que já morreu", mas, sobretudo, é "como uma fisgada no membro que já perdi". O insuportável se condensa na apresentação desse objeto-resto especialmente bizarro. É uma presença estranha, incompreensível, que diz mais do que apenas a perda. Bem mais do que um membro da família já ausente, mais que o signo da impotência materna em reaver seu filho, ou ao menos esquecê-lo um pouco, a fisgada no membro fantasma encarna a presença do insuportável de uma vida quando ela perde seu centro vazio, aberto a mil significados – o filho como aquele que sustentava a falta para essa mãe e a conectava a essa encruzilhada infinita a que chamamos viver.

Alegria

Na experiência cotidiana, perdas e ganhos são os dois lados da moeda da vida. Já na experiência analítica nos deparamos a torto e a direito com o faltante e o excedente, mas raramente com o que completa. Por isso Lacan não opõe tristeza e alegria. Gozo e angústia, eventualmente ódio e amor, estão em torno do mais fundamental do ser, não a completude.

Sua experiência, claro, existe, embora não seja o mote de uma análise. Podemos ser afetados pela ideia da totalidade (sem que isso arremate o vazio que nos estrutura). A ela Lacan associa a alegria, articulada à imagem de si. Sua alegoria maior é a "jubilação" do "estádio do espelho", um momento que dramatiza a entrada de cada um de nós na cultura. A criança, ainda confusa e desorientada quanto ao próprio corpo, olha-se no espelho e recebe a confirmação no olhar de sua mãe: ela é aquilo mesmo que está vendo diante de si; e assim, dessa forma, se concebe íntegra. A alegria será associada aos momentos nos quais temos o sentimento de sermos Um, de "estarmos com tudo", de nos vermos sem furos.

Ela não dura. A criança precisa olhar novamente para a mãe a fim de reassegurar-se da descoberta recente. Fará isso ao longo de toda a sua existência para poder certificar-se de que, mesmo sem jamais ter visto diretamente a própria nuca, por exemplo, continue a persuadir-se de havê-la visto, a persuadir-se de ela ser bem como o espelho do Outro informa e de continuar, ali, sossegadamente, compondo o conjunto do corpo.

O primeiro dia das férias, um beijo ou um pôr de sol. Nossos breves momentos de completude são assim, frágeis, na dependência de uma complexa montagem que passa pelo Outro e apenas com sua colaboração pode sobreviver ao instante. Como alguém nas reuniões dos Alcoólicos Anônimos, ao assumir sua "verdadeira" personalidade, de dependente, ou como o angustiado, ao descobrir tudo explicado porque ele *é* um "déficit de atenção". Na alegria com que veste essa nova e pacificadora forma estável, não há inconsciente. É preciso apenas o Outro jogar e sustentar o jogo de uma ortopedia egoica coletiva, na qual só se pode ser o previsto. Isso, porém, empreende com entusiasmo o Outro de nossos dias, ao oferecer sem cessar grupos de ajuda mútua aos errantes e comunidades pré-configuradas nas redes sociais aos navegantes.

Lacan aproxima de um *pecado* a recusa do inconsciente que a completude da alegria implica. A palavra é carregada de significados moralizantes, dos quais tratarei adiante. Por hora importa destacar a advertência lacaniana. Há algo perigoso na alegria, indo longe demais nela, inclusive, perdido o contato com o desejo e a castração, esse pecado pode ser "mortal", tendo na mania seu paradigma clínico.

O carnaval da mania

Mania, na psiquiatria clássica, designa um quadro psiquiátrico bem conhecido e hoje definido como uma das síndromes do transtorno bipolar. É caracterizado por uma aceleração marcante, às vezes eufórica, às vezes enlouquecida, traduzida, no plano do discurso, pela "fuga de ideias". É bem mais uma fuga de palavras, plena de ensandecidas associações por assonância, nas quais o sujeito embarca sem nem ele, nem ninguém, saber como fazê-lo voltar. A vida está em risco e não à toa esse é um dos casos nos quais grandes doses de sedação ou mesmo eletrochoque são necessários.

Freud compara a mania à alegria de uma festa onde, como no carnaval, nos liberamos dos entraves da vida cotidiana, tal como o pobre ganhador na loteria quando se vê, de uma hora para outra, liberado do trabalho diário de lutar pelo pão de cada dia. A diferença é que estamos fora do ritual coletivo que estipula um prazo para o retorno das "inibições" rotineiras. O gozo se expande sem limites em um carnaval sem Quarta-Feira de Cinzas, de um desatino irremediável pelas convenções do calendário.

Ora, se houve lógica nos eventos previstos pelo calendário, há muito ela se perdeu. Segui-lo para ritmar seu gozo é organizar-se segundo uma arbitrariedade consentida, aceitando o que reza a tradição sem buscar suas razões. É exatamente o que recusa o maníaco e que, nesse sentido, opõe-se ao dócil neurótico delimitado por Freud como submetido ao complexo de Édipo. Freud dramatiza essa submissão ao Outro imaginando uma criança, em algum momento, admitindo que o pai detém o segredo das idas e vindas da mãe e, consequentemente, de sua única possibilidade de satisfação e felicidade. Apesar de manter-se subjugada a algo além de seu poder, ela pode, a partir dessa premissa – de que o pai detém a chave –, iniciar seu caminho de independência com relação à mãe, pois ela não é mais "A" todo-poderosa. Como nessa história o pai é, por definição, sempre além, sempre ausente, a criança nunca receberá dele o segredo para o gozo. Apesar disso, apenas pelo fato de ter assumido ser dele o verdadeiro poder, ela já pode sopesar e aceitar até boa parte do vindo da mãe como informação e orientação de conduta, pois nem tudo é capricho, tirania, mas coisas do mundo, desconhecidas da própria mãe e por ela aceitas. É o que lhe permite submeter-se, por exemplo, ao sem sentido do calendário.

Como Freud, apoiando-se na história do Édipo, generaliza esse pequeno drama, ele ganha a força de um mito fundador da subjetividade. Segundo Lacan, para essa criança a crença nos poderes de um Pai ausente, apenas presente como função, um nome vazio, sustenta e define a realidade, toda escorada agora nesse "vazio estruturante", o sentido da vida, por exemplo, que sempre escapará.

Nem toda criança será esta, dita por Lacan neurótica. Há a possibilidade de a falta não lastrear a realidade dessa forma. Isso define um campo situado por Freud com o termo *unglauben*, recusa da crença, que recobre aquilo por Lacan definido como a estruturação psicótica do sujeito. Nessas condições é ele próprio investido do poder esmagador de legislar sobre a realidade com as mais variadas consequências delirantes; uma delas é perder a possibilidade de lastrear-se pelas convenções – do calendário, por exemplo.

A rotina e a tradição só têm o peso que têm quando uma vida se ordena por elas, e isso contém, na raiz, um ato de fé. Nada garante que haja um sentido para as coisas, que haja uma ordem universal regendo o caos em que vivemos. Pode-se, no entanto, submeter-se a ela como uma crença normatizadora. É o que Freud chama de Pai. Nesse contexto a alegria nunca dura eternamente, pois sempre supõe um limite imposto pela ordem do mundo, afinal não há mal que sempre dure nem bem que nunca se acabe, não é?

Já nas condições psicóticas da mania, a alegria ganha a tonalidade mortífera de uma carreira sem freios exteriores. A comparação com nossos dias é inevitável: quando o Pai "conceito", Nome-do-Pai nos termos de Lacan, nome da fé de cada um na ordem das coisas assegurada pela tradição, não é mais o vazio estruturante do mundo, somos todos desinibidos, prontos a viver mais intensamente do que nunca; mas entregues, muitas vezes, como o maníaco, ao deslizar incessante de objetos, todos futilitários, no "deslizamento metonímico, infinito e lúdico da cadeia significante".

Ética e paixão

A ética, a moral e o monstro

Ao privilegiar a paixão no lugar da emoção, Lacan introduz uma nova ferramenta para o analista com relação aos afetos.

Em vez da analogia ou da fisiologia, a ética. O termo é de manuseio delicado, especialmente para ouvidos como os nossos, treinados a tachar de obscurantismo tudo o que não pode ser colocado em números. Precisarei de uma pequena introdução para justificá-lo.

Primeiramente é preciso definir: jamais tomaremos o termo no sentido habitual de código de conduta. Ética e moral não serão, aqui, sinônimos. Lacan abre seu seminário sobre a ética da psicanálise com essa distinção, que faz da moral o conjunto das prescrições de conduta admitidas em uma época ou espaço coletivo determinado, e da ética uma reflexão sobre a ação, sem necessariamente definição prévia de valores.

A promoção da ética em detrimento da moral é sustentada pela própria experiência analítica, que é, em muitos aspectos, segundo Lacan, um "retorno ao sentido da ação" – retorno ao significado do que fez o Outro conosco e como agimos sobre isto –, para reformulá-lo, renegá-lo, ou endossá-lo, de modo a tornar possível, enfim, uma nova relação com nossas ações. Não é trabalho realizado no céu das ideias sem relação com a vida prática. Como toda ação humana se situa em um contexto simbólico, não há o agir puro, nossos feitos ganham inevitavelmente significado, e mais ainda no contexto de uma análise, na qual só há ações narradas. Toda definição sobre o sentido de uma ação será, ainda mais, decisão, tomada de posição. Uma *reflexão* sobre nossa ação deve ser entendida, aqui, já como ação, sempre com consequências, mesmo quando não conscientes. A ação está embutida no próprio pensamento ético ou, como diz Lacan, há ação nos dois lados da definição de ética.

Espera-se de um psicanalista que ele seja um homem de bem, honesto e sabendo o melhor para seu paciente. É necessário deslocar o foco dessa moral cotidiana para a reflexão ética por mais uma razão, de longe a mais importante: uma análise se desenrola lidando com coisas amorais ou, como diz Lacan, "fora do campo da moral".

A moral está necessariamente articulada ao consciente, o campo do eu, pois visa ao melhor para o indivíduo dentro de uma comunidade; já uma análise lida "no primeiro plano" com "um campo muito grande do que para nós constitui o corpo de desejos sexuais" em seus aspectos menos confessáveis. É justo o que Aristóteles, paradigma para Lacan do conjunto de regras de conduta articuladas ao campo egoico, coloca, "literalmente, fora do campo da moral", "dentro da dimensão das anomalias *monstruosas*".

Monstruoso? O termo precisa ser situado. Em tempos vitorianos, quando era, em princípio, monstruoso tudo do campo da sexualidade que excedesse o espaço matrimonial e da reprodução, talvez fosse mais fácil perceber a posição extremada da psicanálise. Os tempos mudaram, mas sua radicalidade é a mesma, já que sempre há algo monstruoso no desejo de cada um. Insignificante ou terrível, em cada caso será aquilo que não se tem como "assumir" por ser incompatível com o *ego* e, por isso, foi parasitar, a partir do inconsciente, na cena da consciência.

Admitir termos, todos, esqueletos no armário não é a verdadeira novidade. O revolucionário, na prática freudiana, é ser a morada de nossos monstros, necessariamente, o campo da sexualidade. Assim indica Freud quando distingue, nesse grande campo, de um lado a reprodução, apanágio do eu e do coletivo, a serviço da raça; e, de outro, o gozo, morada daquilo que no indivíduo resiste a seu papel de transmissor do gérmen e exige um lugar para si no mundo. Somos, dessa forma, sempre um eu, pronto a interagir alegremente no mundo, e um *isso*, em nós o mais vibrante e que, por isso mesmo, leva à perdição da nossa parte "comunitária". No sexo, bocas, pernas e mãos se confundem, não há relação, não há mãos dadas e coletividade. O sexual, no sentido freudiano, espaço de diferença absoluta, carrega consigo violência e morte. Vai contra as regras de vida do individual e força o eu no sentido de sua dissolução. Devemos acrescentar esse aspecto monstruoso da pulsão ao que vimos nomeando como singularidade e que surge, em uma análise, sempre marcado pela violência de um desejo.

O teatro da purgação

Como lidar com os monstros do desejo a que a paixão conduz? A resposta do Outro é clara: domesticá-los. Para começar, ignore-os. Quando insistirem, tome-os como mero excesso de tensão acumulada. Reduzidos agora a puro estresse, descarregue-o numa academia ou festa *rave*.

O problema, porém, não é o acúmulo de energia vital. O perigo não é o excesso em si. Por essa razão Freud, como vimos na leitura lacaniana de "Inibições, sintoma e angústia", acrescenta um elemento qualitativo ao excesso energético. Por isso, ainda, Lacan o define como gozo, no qual se apresenta uma excitação a que é preciso dar destino subjetivo.

O Outro, no entanto, é cheio de expedientes. Para neutralizar esse elemento qualitativo do gozo, ele propõe a *catarse*. Na mesma medida da diferença entre correr uma maratona e ir ao Maracanã ou ao teatro, ela não é apenas descarregar. É mais descarrego que descarga. Trata-se de reduzir o excesso, porém, sobretudo, de colocar os monstros para fora. É esse o sentido clássico da catarse, *purgação*.

O Outro de nossos dias parece apostar em uma catarse específica, a da confissão pública. Dos grupos de mútua ajuda às seitas e seus pastores, propõe, para qualquer exterioridade ao campo da moral, sua "inclusão". Basta poder torná-la pública em uma apresentação ritualizada.

De modo análogo, a legitimação de toda e qualquer monstruosidade pode hoje ser requerida, caso se obtenha para ela a inclusão pelo consenso. A maioria e seu consenso constituem o ideal moral de nossos tempos, sobretudo se a expressão dessa maioria for anônima – milhões de votos computados em tempo real informam, a cada momento, o pensamento do Outro. Em sua marcha inclusiva, o consenso flerta com tudo a ele ainda externo, mas só inclui quem jogar seu jogo, quem consentir trocar sua singularidade pelos papéis propostos. Decide-se, dessa forma, quem ganhará o prêmio maior do *reality show*, assim como quem será o próximo demitido de uma empresa.

E a análise, como ela trabalha os monstros em nosso desejo? Para começar, exige levá-los a sério. A única coisa de que se pode ser culpado em uma análise é de "ceder em seu desejo", sintetiza Lacan. Ele radicaliza nossa noção de desejo aproximando-a do excesso pulsional, caracterizado como monstruosidade, e reserva para o termo *demanda* a parte bem-definida de nossas vontades, congruente com o eu. Isso previne contra a leitura de sua exortação como a promoção de um hedonismo desenfreado. Ao contrário, o desejo é articulado a coisas estranhas, fragmentos de um gozo fora do eu, restos sem unidade bastante nem mesmo para constituírem objetos em si, razão pela qual Lacan lhes reserva apenas uma letra, *a*. Não são objetos de cobiça, são restos, mas têm insuspeitados poderes de verdade e certeza.

Erotologia

Uma análise avança topando com esses estranhos seres. Mais a chupeta que a mamadeira, mais o diário da adolescência que os grandes livros, eles compõem uma aglomeração heteróclita em alguma gaveta perdida da memória, incluindo fotos amareladas, bilhetes, rabiscos, mechas de cabelo e dentes de leite. São testemunhas silenciosas daquilo que em uma história concentrou o que, do gozo, não houve como subjetivar, integrar no vivido comum e, exatamente por isso, foi deixada de lado.

Por definição, os objetos *a* são fragmentos angustiantes, pois fazem parte daquilo que gravita em torno do eu, tirando-o do centro e dissolvendo-o. Por isso uma análise não é a descoberta de uma erótica pessoal, por mais específica que seja. Ela não define práticas envolvendo objetos de desejo, mas sim, segundo Lacan, uma *erotologia*, uma exploração do modo como nossos objetos *a* coordenam os possíveis e os impossíveis de nosso ser sexuado. Eles desenham, para cada sujeito, uma esquina só dele, onde, invariavelmente, topou (e topará) com a indizível surpresa do gozo. Isso não implica, porém, necessariamente, uma codificação alternativa de nossas práticas sexuais. Leia-se "Porquinho-da-índia", de Manuel Bandeira:

> Quando eu tinha seis anos
> Ganhei um porquinho-da-índia.
> Que dor de coração me dava
> Porque o bichinho só queria estar debaixo do fogão!
> Levava ele pra sala
> Pra os lugares mais bonitos mais limpinhos
> Ele não gostava: Queria era estar debaixo do fogão.
> Não fazia caso nenhum das minhas ternurinhas...
>
> – O meu porquinho-da-índia foi minha primeira namorada.

É um monstro tornado bichinho que, apesar disso, mantém seus poderes de ruptura, causando surpresa. O poema demonstra quanto a lida com a libido, tomada como objeto *a*, pode produzir efeitos impensáveis, distantes daqueles observados quando ela é reduzida a uma carga energética indiferenciada. "Porquinho-da-índia" é a libido tornada objeto graças a essa nomeação, localizando um gozo que não é apenas perigo e excesso, mas eventualmente presença companheira, mesmo se apenas sob o fogão.

A proeza do poeta é conseguir passar ao público o monstruoso de sua singularidade e ela tomar parte de sua vida. É uma "inclusão" muito distinta da moral em vigor nos estudos culturais, por exemplo, mas é, ainda assim, inclusão, devendo talvez ser abordada pelo conceito freudiano de sublimação (e dele distinguida). Não poderemos fazê-lo aqui, basta assumir que o porquinho-da-índia de Bandeira não constitui nenhuma erótica alternativa. Passa ao largo dos objetos do mundo e da sexualidade e é uma operação "erotológica" que faz um objeto *a* ganhar lugar no Outro, reorganizando o campo do desejo.

Traço

O gozo, definido pela tradução alternativa feita por Lacan do *katharsis* aristotélico, é posto a trabalho em uma análise de modo distinto daquele da catarse clássica. Em lugar do teatro da purgação, com seu cortejo de grandes emoções, ele propõe *purificação*. O termo não deve ser entendido como "elevação" ou "aperfeiçoamento", mas sim como decantação de pequenos elementos de libido, ao mesmo tempo significantes e pontos de concentração de gozo. Para chegar à surpresa de um porquinho-da-índia é preciso um bocado de decantação. Manuel Bandeira pode mais uma vez nos ajudar com o poema "Minha grande ternura", no qual apresenta, de modo ainda mais evidente, o aspecto significante de nossos objetos *a* e os efeitos catárticos de sua depuração:

> Minha grande ternura
> Pelos passarinhos mortos,
> Pelas pequeninas aranhas.

Minha grande ternura
Pelas mulheres que foram meninas bonitas
E ficaram mulheres feias;
Pelas mulheres que foram desejáveis
E deixaram de o ser;
Pelas mulheres que me amaram
E que eu não pude amar.

Minha grande ternura
Pelos poemas que
não consegui realizar.

Minha grande ternura
Pelas amadas que
Envelheceram sem maldade.

Minha grande ternura
Pelas gotas de orvalho que
São o único enfeite
De um túmulo.

O intenso efeito afetivo do poema não se discute, mas o que seria a grande ternura e onde estaria? Essas pequenas coisas, as gotas de orvalho de Bandeira, "produzem" o poema, assim como o afeto que ele engendra.

O destino dado à paixão, em uma análise, não decorre apenas do fato de ela, ali, ser tanto amor quanto ódio e ignorância, nem de o analista se abster de colocar suas paixões a serviço do encontro analítico. Numa análise não se sai de mãos abanando. A falta-a-ser do sujeito, o algo mais que sustenta a paixão é trocado pelo que Lacan chamou *significante*.

A fim de melhor apreender o pretendido por Freud com sua representação, Lacan cunhou, para designá-la, o termo *significante*. Em português, ele aparentemente denota a característica de algo que tem significado. Lacan visava, no entanto, sobretudo ao elemento material da significação, que pode ou não ter sentido. Uma boa tradução para *signifiant* (em francês) poderia ser "significativo", aquilo com a força própria de um registro – um nome próprio, mas também uma cicatriz ou tatuagem – e que não tem em si, necessariamente, sentido.

Um significante não é o significado que costuma acompanhá-lo. Tem vínculo com os conteúdos de saber, mas, em sua materialidade, não tem em si sentido, é apenas formado por blocos de massa fônica. No entanto, tem o poder de inscrever na carne seu traço. É o rastro deixado pelos encontros com o Outro, signo com que o ferro da linguagem, em uma metáfora célebre de Lacan, marca seu gado. Ele me distingue e define, mesmo não me explicando em nada. É saber por ser letra, pois presta-se à leitura sem ser, em si, nenhuma sabedoria. Enquanto o saber-conhecimento à disposição no Outro é universal, fôrma a dar forma e continente ao gozo, esse saber-traço é apenas trilho por onde a vida corre sem ser tomada pelo sentido. Este *a*-mais de vida, ecoando nas letras do corpo, fora do sentido, empresta mais singularidade a uma cicatriz que a um rosto; mais verdade à descrição de um objeto que à sua foto; ao relato do sonho que às suas imagens; mais vida aos significantes que ao significado.

Dessa forma, creio poder manter a analogia da operação de Bandeira com o processo analítico. Só é preciso ter em mente que uma análise irá tão longe, na direção da singularidade dos fragmentos significantes, que estes terão valor apenas para quem os leva consigo. Tais e quais, nos confins do sentido compartilhado, não servirão a nenhuma criação poética ou artística.

Elã

Se na análise revive-se, como num cinema, os momentos cruciais de uma vida, esse *revival* está a serviço de uma redução que extrai, da grande epopeia de uma existência, suas coordenadas essenciais. Passa-se, por exemplo, da guerra cotidiana com o chefe às agruras da infância sob o jugo de um pai autoritário, até se chegar a um traço repetido que se cristaliza nas cenas desse jugo. São nomes e cores no limite do sentido, os quais, por isso mesmo, nos libertam dos afetos associados ao drama de partida. A tristeza das manhãs de silêncio ao lado do pai recém-divorciado perde o lugar, quando o retido da vida melancólica desses momentos não tem em si nenhum sentido dramático. Um modo de girar as chaves, um pigarro, a faca no pão vêm dissolver a névoa nostálgica em que se via emaranhado o sujeito.

Do ponto de vista do afeto, porém, essa redução corre o risco de ser tomada como uma ascese, como se ao progredir na análise fôssemos sentindo cada vez menos. Só haveria essas duas alternativas? Ou bem animadamente nos agitamos no bloco das emoções, longe da singularidade do acontecimento, ou bem tornamos essa singularidade um objeto palpável, mas perdemos em vida o obtido em saber?

O excesso de um acontecido pode ganhar a forma de afeto. Por outro lado, a marca desse evento, não convertido em afeto, reluz. A essa purificação refere-se Lacan. Ela acompanha o que se passa no plano da narrativa de uma vida, onde o romance se torna haicai quando se risca "um psiu de luz", conforme diz Guimarães Rosa: "Fechei-me no quarto. Pela janela aberta entrava um cheiro de mato misantropo. Debrucei-me. Noite sem lua, concha sem pérola. Só silhuetas de árvores. E um vaga-lume lanterneiro, que riscou um psiu de luz."

A esse psiu de luz, acompanhando os traçados de uma análise, ocorreu a Lacan chamar de entusiasmo. Nem exatamente alegria, ou euforia, felicidade ou animação, não há como aprisionar o entusiasmo lacaniano em um registro afetivo específico, nem mesmo naquilo costumeiramente reconhecido nesse termo pela cultura. Não é emoção, nem paixão, pois (assim como a angústia) se situa no limite do campo afetivo. É apenas um tanto de libido retornando quando nos liberamos do sentido; quando o traço muda de estatuto e passa de pista a marca, de indício de um pretenso segredo a pura baliza, marco do surgimento de um "é isso" no lugar do "talvez não seja bem assim" de sempre.

Como se vincula a um traço fora do sentido, não está no Outro da significação. Não há como reconhecê-lo nas formas predefinidas dos sentimentos da cultura. Por isso mesmo não tem como durar, pois apenas aquilo que faz sentido para além de uma vivência singular, participante da experiência compartilhada, se inscreve na duração. Um termo para traduzi-lo poderia ser *elã*. Um elã não é nada passível de conhecimento ou controle. Pode ser intenso ou extremamente discreto. No mais das vezes sem começo nem fim, nos visita sem dizer quando se vai. Sabemos apenas não ter ele como se prolongar e poder, no máximo, voltar outras vezes sem cerimônia.

Bem-dizer

Existe uma ética da psicanálise? Sendo ela uma erotologia, sua ética seria a do desejo? É possível tomar o desejo, ou a pulsão freudiana, como parâmetro de nossa ação se ele é fora do sentido? O perigo é tomar o que não tem nome como guia e naufragar nas profundezas do místico. O entusiasmo pode nos levar a correr esse risco. Ele, em análise, não tem mais essência do que um psiu de luz. Mas tem endereço, a transferência – o analista, em última instância. Talvez por isso apresente-se, mais do que o habitual, levando à tirada lacaniana segundo a qual se deveria estudar o fato de pouco se adoecer em análise – Lacan chega a sugerir que os seguros-saúde cobrem dos analisandos uma tarifa reduzida. Prova maior de não ser possível tomar esse elã como matéria-prima de nossa ação. É efeito secundário incalculável e só assim se materializa – pelo absurdo e não por entusiasmantes indizíveis.

Por essa razão, Lacan, ao final de seu seminário sobre a ética da psicanálise, coloca o desejo – bem próximo nesse contexto do que estamos chamando de elã – no centro da ética psicanalítica; mas apenas ao preço de um paradoxo. Ele só pode ser parâmetro de nossa ação como uma "medida infinita". Dez anos depois, porém, em "Televisão", encontra maneira de afastar o paradoxo, ao deixar o desejo em segundo plano e definir a psicanálise como uma ética do *bem-dizer*.

Não é *dizer o Bem*, instaurar o ideal no discurso, como se houvesse cura para o irremediável da linguagem com relação ao real. Nem é tampouco *dizer bem*, instaurar um discurso ideal, buscando o melhor possível a cada vez, na obrigação de ser o melhor sempre. É *dizer*, pois ele é que conta, não há como elevar-se acima dele. Somos o que dizemos. E é *bem* porque, dentro das coordenadas significantes de uma existência, é o dizer que dá ao desejo seu lugar, pequenos monstros cheios de vida, sempre insistindo, nunca consistindo.

Com relação a essa ética, por conectar esses objetos ao objeto perdido, a tristeza é um pecado. A ética do bem-dizer, porém, não apenas delimita pecados, mas ao menos uma virtude, definida por Lacan como *gaio issaber* [*gay sçavoir*] em referência a Nietzsche, certamente, mas também a Espinosa. O vigor dançarino de Dioniso e a alegria – como paixão do que nos aumenta a potência de agir – poderiam ser caminhos para nos aproximarmos do indicado por Lacan. Seguirei, contudo, outra via, com o contraexemplo fornecido por ele de Dante. Quando viu

Beatriz, uma única vez, apaixonou-se pelo resto da vida. Bastou um divino detalhe, um olhar, um "batimento de pálpebra", para sua paixão durar nesse e noutros mundos (ela chega a aparecer no inferno para ajudá-lo, quando em sua *Divina comédia* se vê perdido).

No extremo oposto da fixação de Dante no objeto de sua paixão, o *gaio issaber* é, segundo Lacan, deixar-se fisgar pelo sentido, sem nele se "envisgar". Em lugar de erigir para nossos objetos *a* um sentido maior, com a força do divino pode-se retroceder aos limites do sentido, às raízes de pura contingência desses elementos significantes e construir com eles, tal como Bandeira e seu fogão, a *cena primária* de suas coordenadas de gozo.

Enquanto o entusiasmo resvala em uma ética do elevamento, sublimatório, da promoção de um fora do sentido etéreo, o gaio saber de Lacan afasta-nos da divinização do vazio e põe nossos pés no chão por deixar evidente: o *nonsense* do riso seria impossível sem as palavras, o que afasta qualquer apologia do indizível.

Não é uma técnica. É percorrer as arestas da vida, pronto para pegar alguma coisa em uma ação por Lacan caracterizada como *piquer* – cujo significado é "roubar", mas também "furar", "espetar" – afinado com o "senso da oportunidade", definido por J.-A. Miller como a principal qualidade do analista. Esse trabalho de construção pode ser vivido com o sentido do divino, do escândalo, da vergonha ou do horror. Com seu gaio saber, Lacan nos lembra: nisso pode-se também rir.

Riso

Estamos sempre às voltas com o grandioso e o ridículo de nossas ações e pretensões. Afora essa comédia humana básica, as formações do inconsciente exploradas por Freud demonstram como somos capazes de viver algo mais: dos erros cometidos aos absurdos de que somos capazes, do *nonsense* com o qual flertamos aos chistes que nos dizem. Lacan distribui esse algo mais da experiência analítica na manifestação daquilo que em nós sonha, ri e fracassa [*ça rêve, ça rit, ça rate*].

Os sonhos balançam as certezas apoiadas no pão, pão, queijo, queijo da realidade cotidiana por apresentarem um real que, mesmo ensandecido, às vezes vale mais. Os tropeços e seus fracassos nos guardam das curas e soluções onipotentes e conduzem ao estilo, que só desponta quando em nossas obras os vícios são coautores. Finalmente, o riso assinala como a paixão pode ser divertida. Com ele, quero concluir.

Não me refiro à gargalhada provocada pela comédia. Mesmo em sua versão pastelão, caricata e reduzida, da torta no rosto do chefe, ela sempre deve sua força a um triunfo. É descarga resolvendo um acúmulo de tensão, mas invariavelmente tomada em um contexto épico, de opressão e libertação. Já o riso de que fala Freud é o de um gozo liberado da epopeia, que economiza o drama e apenas se diverte.

Ele só é possível graças à liberdade com relação ao cristal da língua, que caracteriza as formações do inconsciente. Estas não são constituídas pelo comovente das significações, mas pela argamassa invisível do discurso, os significantes. São tributárias do que Freud chamou de processo primário, em nada primitivo, apenas mais afeito à matéria-prima da linguagem do que às abstrações cômicas por ela sustentadas.

Uma análise aposta nas recomposições dessa matéria-prima levadas às últimas consequências. Quando deixamos de buscar o segredo, não porque perdemos a fé na busca, e sim no próprio segredo; quando rastros tornam-se apenas balizas, a relação com a alteridade se modifica. As pistas imperavam, renovavam-se e multiplicavam-se, todas, no entanto, conduziam ao mesmo culpado, um Outro sempre fora do alcance. Tornadas, agora, apenas letras, as coisas mudam de lugar. Elas são relativamente fixas, mas seu Outro é sempre outro, pois são agora o modo singular de soletrar os encontros com os que cruzam nosso caminho.

O elã se desprende da relação com o analista e passa a habitar o exercício dessas balizas, constituindo, na prática, nova paixão. Essa é a exigência ética do dispositivo analítico: é preciso dizer. A surpresa é que, levada a sério essa exigência, descobre-se na raiz do sentimento a certeza de como a vida só se oferece espremida nas entrelinhas do viver. O riso é inevitável diante do fora de esquadro da existência, irônica satisfação com essa grande colagem surrealista que seguimos compondo.

Referências e fontes

Sigmund Freud e Jacques Lacan: As citações de Freud incluídas neste livro foram extraídas da *Edição Standard Brasileira da Obra Psicológica Completa de Sigmund Freud – ESB*, Rio de Janeiro, Imago, 1976. Quanto aos livros de Lacan, todos publicados pela Zahar, foram usadas as seguintes edições: *O Seminário*, livro 5, *As formações do inconsciente*, 1999; *O Seminário*, livro 7, *A ética da psicanálise*, 1986; *O Seminário*, livro 10, *A angústia*, 2005; *O Seminário*, livro 20, *Mais, ainda*, 1982; *Escritos*, 1998; *Outros escritos*, 2003; *Meu ensino*, 2006.

Canções, poemas e prosa mencionados: Fito Páez, "Un vestido y un amor"; Chico Buarque e Tom Jobim, "Eu te amo", 1980; Gilberto Gil, "Se eu quiser falar com Deus", 1980; Chico Buarque, "Almanaque", 1981; Eduardo Coutinho, *Jogo de cena*, 2007; *Se essa rua fosse minha*, canção popular; Clarice Lispector, "O amor", in *Laços de família* (Rio de Janeiro, Francisco Alves, 1960); Chico Buarque e Edu Lobo, "Ciranda da bailarina", 1982; Chico Buarque, "Pedaço de mim", 1977-78; Manuel Bandeira, *Poesia completa e prosa*, Rio de Janeiro, Nova Aguilar, 1986, p.208 e 142; Guimarães Rosa, "Minha gente", in *Sagarana*, Rio de Janeiro, Nova Fronteira, 1984.

Boa parte do que desenvolvo aqui toma como ponto de partida referências extensamente examinadas em meu livro *A ética da paixão* (Rio de Janeiro, Zahar, 2001). A seguir, relaciono as principais indicações bibliográficas utilizadas em cada capítulo obedecendo à sequência em que os temas são abordados.

Da emoção à paixão

Temor e pena: J. Lacan, *Seminário 7*, p.297. **Identificação imaginária e espelho**: S. Freud, *ESB*, vol.VII, p.325; M.A. Vieira, *Restos*, Rio de Janeiro, Contra Capa, 2008, p.158. **"Entre os órgãos"**: S. Freud, *ESB*, vol.V, p.649; M.A. Vieira, *Restos*, op.cit., p.166. **Paixão e emoção**: J.-A. Miller, "A propósito dos afetos na experiência analítica", in *As paixões do ser*, Rio de Janeiro, Contra Capa, 1998, p.37; J. Lacan, *Seminário 10*, p.20, *Seminário 5*, p.84, e *Seminário 20*, p.57. ***Affekt***: M.A. Vieira, *A ética da paixão*, Rio de Janeiro, Zahar, 2001, p.232. **As três paixões da transferência**: J. Lacan, *Escritos*, p.629. **Paixão**: J. Lacan, *Seminário 1*, p.315-6; M.A. Vieira, *A ética da paixão*, op.cit., p.161 e 232. **Os divinos detalhes**: J.-A. Miller, *Los divinos detalles*, Buenos Aires, Paidós, 2010. **As séries psíquicas**: S. Freud, *ESB*, vol. XI, p.112. **Dar o que não se tem**: J. Lacan, *Seminário 5*, p.97. **Paixão e emoção**: J. Lacan, *Seminário 1*, p.218. **Particularidade opaca**: Ibid., p.316. **Sujeito suposto saber**: J. Lacan, *Outros escritos*, p.253. **Saber e conhecimento**: J.-A. Miller, "El triangulo de los saberes", *Freudiana*, n.25, Barcelona, 1999, p.13-9. **Lembrança inconsciente**: S. Freud, *ESB*, vol.V, p.182. Para a aproximação entre "representação" e "significante", que não deve ser entendida como a de uma superposição pura e simples, ver: M. Arrivé, *Linguagem e psicanálise: Freud, Saussure, Pichon, Lacan*, Rio de Janeiro, Zahar, 1999, p.95. **Um saber que não se sabe**: J. Lacan, *Seminário 20*, p.129. **Conhecimento paranoico**: J. Lacan, *Seminário 3*, p.50. **Representação**: S. Freud, *ESB*, vol.XIV, p.244, 205-7 e 259. **Um conceito mítico**: S. Freud, *ESB*, vol.XVIII, p.78. **Pulsão**: J. Lacan, *Seminário 11*, p.167. **Colagem surrealista**: Ibid., p.161. **Diplomatas**: Ibid., p.209; M.A. Vieira, *A ética da paixão*, op.cit., p.91. **Peneira**: J. Lacan, "Conferência de Genebra sobre o sintoma", *Opção Lacaniana*, n.23, São Paulo, EBP, 1998, p.13. **Representantes**: S. Freud, *ESB*, vol.XIV, p.175-6. **Não há afeto inconsciente**: S. Freud, *ESB*, vol.XIX, p.36, e vol.XIV, p.203-6; M.A. Vieira, *A ética da paixão*, op.cit., p.51. **O afeto é secretado**: J. Lacan, *Seminário 20*, p.190, 132 e 149; S. Freud, *ESB*, vol.V, p.620. **O sentimento mente**: J. Lacan [1967-68], *Livro 15: O ato psicanalítico*, inédito, 19 fev 68. **Descarga**: S. Freud, *ESB*, vol.XV, p.203. **Energia vital**: J. Lacan, *Outros escritos*, p.520; S. Freud, *ESB*, vol.XX, p.164. **Pseudópodes**: S. Freud, *ESB*, vol.XIV, p.244. Lacan retoma o tema da ameba freudiana como "Homelete": M.A. Vieira, *A ética da paixão*, op.cit., p.171. **Darwin**: Ibid., p.106. **Afetos como acessos histéricos fixados na espécie**: S. Freud, *ESB*, vol.XX, p.156; J. Lacan, *Escritos*, p.714. **Afetos e o Outro**: J. Lacan, *Outros escritos*, p.492; J.-A. Miller, "A propósito dos afetos na experiência analítica", in *As pai-*

xões do ser, op.cit., p.38. **O coro afetivo**: J. Lacan, *Seminário 7*, p.305.

O perigo das origens

O caso do Homem dos Lobos é paradigmático do que destaca a introdução dessa seção, cf. S. Freud, *ESB*, vol. XVII, p.19-152. **A palavra como morte da coisa**: J. Lacan, *Escritos*, p.320. **Autoerotismo, narcisismo primário e eu-original**: S. Freud, *ESB*, vol.XIV, p.156-7 e 159. **Indiferença**: Ibid., p.157. **Tédio**: J. Lacan, *Outros escritos*, p.526; M.A. Vieira, *A ética da paixão*, Rio de Janeiro, Zahar, 2001, p.183. A citação atribuída a Henrich Heine é de *Gedanken und Einfälle*, apud S. Freud, *ESB*, vol.XXI, p.132, n.1. Boa parte do que desenvolvo nas passagens sobre o ódio é efeito do trabalho do colóquio "Figuras lacanianas da crueldade", realizado, em maio de 2010, pela Escola Brasileira de Psicanálise - Rio, com Romildo do Rêgo Barros. ***Mediocritas***: J. Lacan, *Outros escritos*, p.542. **Pulsão, agressividade e ódio**: S. Freud, *ESB*, vol.IV, p.160 (sobretudo o cap.V), assim como sua retomada por Lacan em *Seminário 1*, p.251, e *Seminário 23*, p.121. **Crítica da ambivalência**: J. Lacan, *Seminário 11*, p.120. **Negação**: S. Freud, *ESB*, vol. XX, p.295-308. **Ódio, raiva e cólera**: J.-A. Miller, *La transferencia negativa*, Barcelona, ECFB, 1999, p.54. **Cólera**: J. Lacan, *Seminário 7*, p.130, e *Seminário 10*, p.23; M.A. Vieira, *A ética da paixão*, op.cit., p.205. **Raiva**: J. Lacan, *Escritos*, p.40; M.A. Vieira, *A ética da paixão*, op.cit., p.206. **Ódio**

como paixão: J. Lacan, *Seminário 1*, p.316. **Agressividade e ódio**: Ibid., p.314, e *Escritos*, p.103-4. Lacan usa duas expressões para marcar a transferência positiva e a negativa: "ver com bons olhos" [*avoir à la bonne*] e "estou de olho em você" [*avoir à l'oeil*], que, infelizmente, na versão brasileira, se perde, cf. *Seminário 11*, p.120; J.-A. Miller, *La transferencia negativa*, op.cit., p.15. **Suspeita**: J.-A. Miller, ibid., p.21; J. Lacan, *Seminário 1*, p.316. **Para o obsessivo e seu desejo**: J. Lacan, *Seminário 5*, p.411. **Proeza**: Ibid., p.428; M.A. Vieira, *A ética da paixão*, op.cit., p.173. **Procrastinação**: J. Lacan, *Seminário 5*, p.430. **Freud e a perda**: S. Freud, *ESB*, vol.XIV, p.271. **O eu**: Ibid., p.93. **O luto**: Ibid., p.276. **Lacan e a perda**: M.A. Vieira, *Restos*, Rio de Janeiro, Contra Capa, 2008, p.168. O perigo como "acúmulo de quantidades de estímulos que precisam ser eliminadas": S. Freud, *ESB*, vol.XX, p.160. **Falta da falta**: J. Lacan, *Seminário 10*, p.52 e 92; M.A. Vieira, *Restos*, op.cit., p.166 (verbete "Falta"). **Desejo**: S. Freud, *ESB*, vol.V, p.560. **Saudade**: M.A. Vieira, *A ética da paixão*, op.cit., p.253 e 222. **A jubilação do espelho**: J. Lacan, *Escritos*, p.97. **Carnaval e mania**: S. Freud, *ESB*, vol.XIV, p.287. **A mania como pecado mortal**: J. Lacan, *Outros escritos*, p.524.

Ética e paixão

Moral e ética: J. Lacan, *Seminário 7*, p.10. **"Sentido da ação"**: Ibid., p.374. **Reflexão e ação**: Ibid., p.372. **Monstruoso**: Ibid., p.14. **Soma e gérmen**: S. Freud, *ESB*, vol.XVIII, p.219.

O desejo como medida infinita: J. Lacan, *Seminário 7*, p.385-6. **Erótica e erotologia**: J. Lacan, *Seminário 10*, p.18 e 24. **Catarse**: J. Lacan, *Seminário 7*, p.297; M.A. Vieira, *Restos*, Rio de Janeiro, Contra Capa, 2008 (verbete "Catarse"). **Purificação**: J. Lacan, *Seminário 7*, p.374; J.-A. Miller, *O osso de uma análise*, Salvador, EBP-BA, 1998, p.59. **Traço**: S. Freud, *ESB*, vol.VII, p.306; J. Lacan, *Escritos*, p.253, *Outros escritos*, p.21, e *Seminário 20*, p.129. **O significante e seu gado**: J. Lacan, *Escritos*, p.636; M.A. Vieira, *A ética da paixão*, Rio de Janeiro, Zahar, 2001, p.111. **Lacan é dividido com relação ao entusiasmo**: cf. J. Lacan, *Seminário 7*, p.298, e *Seminário 20*, p.313 e 229; M.A. Vieira, *A ética da paixão*, op.cit., p.223. **Seguro-saúde**: J. Lacan, *Seminário 10*, p.142. **Bem-dizer e gaio saber**: J. Lacan, *Outros escritos*, p.508-43; M.A. Vieira, *A ética da paixão*, op.cit., p.199. **Riso**: J. Lacan, *Meu ensino*, p.92, e *Outros escritos*, p.524. **Senso da oportunidade**: J.-A. Miller, "A 'formação' do analista", *Opção Lacaniana*, p.37, set 2003, p.15. O passe é o dispositivo inventado por Lacan para permitir que o grão de escrita a que se reduziu a história de uma vida em análise possa ser transmitido a outros através de um testemunho endereçado ao coletivo de analistas a que ele nomeou *Escola* (cf. J.-A. Miller, "Est-ce passe?", *La Cause Freudienne*, vol.75, Paris, ECF, 2010, p.86).

Leituras recomendadas

A passagem mais extensa de Lacan sobre os afetos, assim como sobre a ética do bem-dizer, encontra-se em "Televisão" (*Outros escritos*, Rio de Janeiro, Zahar, 2003, p.508-43). Para a distinção entre emoção e paixão, tema que atravessa todo este livro, ver J.-A. Miller, "A propósito dos afetos na experiência analítica", in *As paixões do ser* (Rio de Janeiro, Contra Capa, 1998, p.31-51). Quanto ao lugar da psicanálise entre ciência e humanismo, ver J. Lacan, *Seminário 2* (Rio de Janeiro, Zahar, 1985, p.97), assim como L. Ferry, *A nova ordem ecológica: A árvore, o animal e o homem* (Rio de Janeiro, Difel, 2009). Quanto à leitura lacaniana de Aristóteles e da catarse, ver "Katharsis", em F. Regnault, *Em torno do vazio* (Rio de Janeiro, Contra Capa, 2001). Para uma ética lacaniana do sujeito, assim como uma crítica ao tema da inclusão, ver A. Badiou, *Ética, um ensaio sobre a consciência do mal* (Rio de Janeiro, Relume Dumará, 1995, p.34) e S. Žižek, *Elogio da intolerância* (Lisboa, Relógio D'Água, 2006, p.71). Para os perigos de se tomar a ética do bem-dizer como mais uma ética normativa, leia-se uma crítica ao estereótipo do "analista entusiasmado" em J.-A. Miller, *Perspectivas dos Escritos e Outros Escritos de Lacan* (Rio de Janeiro, Zahar, 2011, p.46).

Sobre o autor

Há pouco mais de dez anos, minha tese de doutorado no Departamento de Psicanálise da Universidade de Paris VIII deu origem ao livro *L'Éthique de la passion* (Presses Universitaires de Rennes, 1999), cuja versão em português, significativamente modificada, foi publicada pela Zahar, em 2001, com o título de *A ética da paixão*. Recentemente, um convite de Marco Antonio Coutinho Jorge me lançou na aposta de extrair do extenso percurso de uma década atrás o que dele havia se mantido vivo e atuante em minha prática cotidiana, do modo mais direto possível, nos moldes desta coleção – e a ele agradeço. Esse grande esforço de concisão, especialmente quanto à demonstração da pertinência clínica das indicações de Lacan, que me deu bastante prazer, é produto do curso Paixões em Análise, proferido no Instituto de Clínica Psicanalítica do Rio de Janeiro (ICP-RJ), assim como do trabalho no seminário *Ressonâncias da interpretação lacaniana* na Escola Brasileira de Psicanálise, Seção Rio, em 2010.

Inicialmente no Instituto de Psiquiatria da UFRJ e desde 2003 no Departamento de Psicologia da PUC-Rio, a universidade tem sido sempre espaço de bons encontros, especialmente no que ela contribuiu para sustentar o projeto Digaí Maré, de atendimento psicanalítico, que há mais de cinco anos experimenta a apropriação da clínica psicanalítica em uma população distante de seu discurso. Reunimos seus casos no livro *Psicanálise na favela: O projeto Digaí Maré e a clínica dos grupos* (Rio de Janeiro, EBP, 2007). Meu livro *Restos: Uma introdução lacaniana ao objeto da psicanálise* (Rio de Janeiro, Contra Capa, 2008) muito deveu a esse movimento. Fragmentos desse livro, assim como boa parte dos tantos artigos dos últimos anos, podem ser encontrados em meu site.

Gostaria, sobretudo, de registrar o quanto devo aos amigos e colegas, com os quais, na lida cotidiana da EBP, tenho sempre aprendido. Nesse sentido, pelo tanto que contaram e contam na formação, sempre continuada, dos analistas da Associação Mundial de Psicanálise, da qual a EBP faz parte, mais ainda pelo tanto que pessoalmente incidiram em minha formação, agradeço a Eric Laurent e a Jacques-Alain Miller. Sem o Curso da Orientação Lacaniana, sustentado há mais de três décadas em Paris por Miller, escrever este livro teria sido impossível.

E-mail: mav@litura.com.br

Site: www.litura.com.br

Coleção **PASSO-A-PASSO**

Volumes recentes:

CIÊNCIAS SOCIAIS PASSO-A-PASSO

Sociologia do trabalho [39], José Ricardo Ramalho e Marco Aurélio Santana

Origens da linguagem [41], Bruna Franchetto e Yonne Leite

Antropologia da criança [57], Clarice Cohn

Patrimônio histórico e cultural [66], Pedro Paulo Funari e Sandra de Cássia Araújo Pelegrini

Antropologia e imagem [68], Andréa Barbosa e Edgar T. da Cunha

Antropologia da política [79], Karina Kuschnir

Sociabilidade urbana [80], Heitor Frúgoli Jr.

Pesquisando em arquivos [82], Celso Castro

Cinema, televisão e história [86], Mônica Almeida Kornis

FILOSOFIA PASSO-A-PASSO

Filosofia da natureza [67], Márcia Gonçalves

Hume [69], Leonardo S. Porto

Maimônides [70], Rubén Luis Najmanovich

Hannah Arendt [73], Adriano Correia

Schelling [74], Leonardo Alves Vieira

Niilismo [77], Rossano Pecoraro

Kierkegaard [78], Jorge Miranda de Almeida e Alvaro L.M. Valls

Filosofia da biologia [81], Karla Chediak

Ontologia [83], Susana de Castro

John Stuart Mill & a liberdade [84], Mauro Cardoso Simões

Filosofia da história [88], Rossano Pecoraro

Teoria do conhecimento [91], Alberto Oliva

PSICANÁLISE PASSO-A-PASSO

Política e psicanálise [71], Ricardo Goldenberg

A transferência [72], Denise Maurano

Psicanálise com crianças [75], Teresinha Costa

Feminino/masculino [76], Maria Cristina Poli

Cinema, imagem e psicanálise [85], Tania Rivera

Trauma [87], Ana Maria Rudge

Édipo [89], Teresinha Costa

A psicose [90], Andréa M.C. Guerra

Angústia [92], Sonia Leite

Educação e psicanálise [93], Rinaldo Voltolini

Os outros em Lacan [94], Antonio Quinet